#2주+2주
#쉽게
#빠르게
#재미있게

한자 전략
완성

한자 전략
시리즈 구성 1단계~6단계

8급
1단계 A, B

7급Ⅱ
2단계 A, B

7급
3단계 A, B

6급Ⅱ
4단계 A, B

6급
5단계 A, B

5급Ⅱ
6단계 A, B

심화 학습

심화 한자로 익히는
교과 학습 한자어

급수별 배정 한자 수록
한자 쓰기장

실제 시험 대비
모의 평가

쉽게, 빠르게, 재미있게!
부모님과 함께하는 한자 전략

한자의 모양·음(소리)·뜻을 빠짐없이 완벽 습득

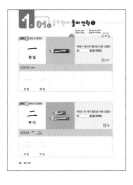

- 한 번에 한자를 떠올릴 수 있게 도와줄 그림과 빈칸 채우기 활동으로 한자를 기억할 수 있도록 지도해 주세요.

- 다양한 문제를 풀며 반복 학습을 할 수 있게 해 주세요.

뜻부터 활용까지 알찬 한자어 학습

- 한자어와 관련된 그림을 보며 한자어의 의미를 떠올리도록 지도해 주세요.

- 한자어가 활용된 문장을 함께 읽으며 생활 속 어휘 실력을 키워 주세요.

기출 유형부터 창의력 UP 신유형 문제까지!

- 나양한 급수 시임 유형 문제를 통해 효율적으로 시험을 대비할 수 있도록 지도해 주세요.

- 만화, 창의·융합·코딩, 신유형·신경향·서술형 문제를 풀며 재미있게 공부하도록 이끌어 주세요.

Chunjae
Makes
Chunjae

▼

[한자 전략]

편집개발 강혜정, 황현욱
디자인총괄 김희정
표지디자인 윤순미, 김주은
내지디자인 박희춘, 유보경
삽화 권나영, 전진희, 최은서, 장현아
제작 황성진, 조규영

발행일 2023년 3월 1일 초판 2023년 3월 1일 1쇄
발행인 (주)천재교육
주소 서울시 금천구 가산로9길 54
신고번호 제2001-000018호
고객센터 1577-0902

한자 전략

1단계 A 8급 ①

전편

이 책의 **구성과 특징**

주 도입 만화

재미있는 만화를 보면서 한 주에 학습할 한자를
미리 만나 볼 수 있습니다.

급수 한자 돌파 전략 ❶, ❷

급수 한자 돌파 전략 ❶에서는 주제별로 뽑은
급수 한자의 모양·음(소리)·뜻을 학습합니다.

급수 한자 돌파 전략 ❷에서는 문제를 풀며
학습 내용을 확인합니다.

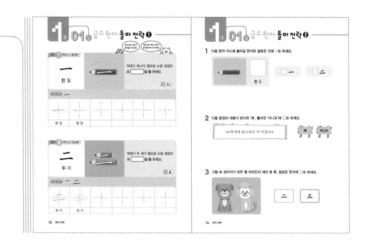

급수 한자어 대표 전략 ❶, ❷

급수 한자어 대표 전략 ❶에서는 1, 2일차에서
학습한 한자가 포함된 대표 한자어를 학습합니다.

급수 한자어 대표 전략 ❷에서는 문제를 풀며
한자어의 뜻과 활용을 복습합니다.

1주에 4일 구성 +1일에 6쪽 구성

급수 시험 체크 전략 ❶, ❷

급수 시험 체크 전략 ❶은 시험에 꼭 나오는
유형을 모아 학습합니다.

급수 시험 체크 전략 ❷에서는 실전 문제를
풀어 보며 시험을 대비합니다.

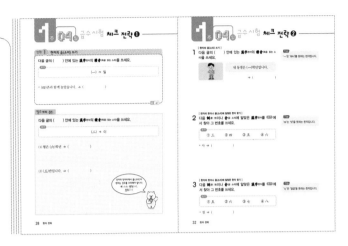

주 마무리

누구나 만점 전략
누구나 풀 수 있는 쉬운 문제를 풀며 학습 자신감을
높일 수 있습니다.

창의·융합·코딩 전략 ❶, ❷
융·복합적 사고력을 길러 주는 재미있는 문제를
만날 수 있습니다.

권 마무리

전·후편 마무리 전략
만화를 보며 학습을 재미있게 마무리할 수 있게
하였습니다.

신유형·신경향·서술형 전략
문제 해결력을 기를 수 있는 새로운
문제들을 단계별로 제시하였습니다.

적중 예상 전략 1~2회
총 2회로 실제 급수 시험을 준비할 수 있도록
구성하였습니다.

교과 학습 한자어 전략
교과 학습 시 자주 만나는 한자어와 5급 심화
한자를 함께 학습할 수 있도록 구성하였습니다.

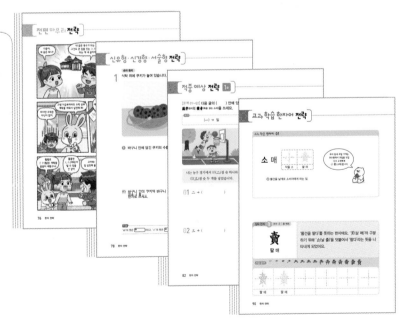

이 책의 차례

■ 은 1단계 A 전편 학습 한자, ■ 은 후편 학습 한자입니다.

ㄱ				
教	校	九	國	軍
가르칠 교	학교 교	아홉 구	나라 국	군사 군
金	南	女	年	大
쇠 금 | 성 김	남녘 남	여자 녀	해 년	큰 대
東	六	萬	母	木
동녘 동	여섯 륙	일만 만	어머니 모	나무 목
門	民	白	父	北
문 문	백성 민	흰 백	아버지 부	북녘 북 | 달아날 배
四	山	三	生	西
넉 사	메 산	석 삼	날 생	서녘 서

先	小	水	室	十
먼저 선	작을 소	물 수	집 실	열 십
五	王	外	月	二
다섯 오	임금 왕	바깥 외	달 월	두 이
人	一	日	長	弟
사람 인	한 일	날 일	긴 장	아우 제
中	靑	寸	七	土
가운데 중	푸를 청	마디 촌	일곱 칠	흙 토
八	學	韓	兄	火
여덟 팔	배울 학	한국/나라 한	형 형	불 화

숫자 한자

❶ 一 한 일　　❷ 二 두 이　　❸ 三 석 삼　　❹ 四 넉 사

❺ 五 다섯 오　　❻ 六 여섯 륙　　❼ 七 일곱 칠　　❽ 八 여덟 팔

점선 위로 겹쳐서 한자를 써 보세요.

연한 글씨 위로 겹쳐서 한자를 따라 써 보세요.

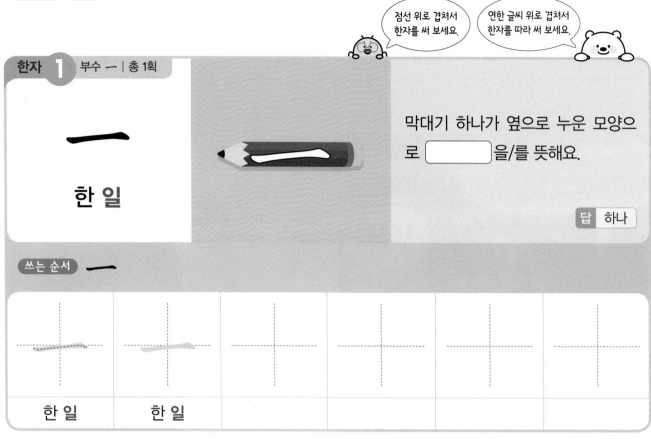

한자 ① 부수 一 | 총 1획

一
한 일

막대기 하나가 옆으로 누운 모양으로 [   ]을/를 뜻해요.

답 하나

쓰는 순서 一

한 일	한 일				

한자 ② 부수 二 | 총 2획

二
두 이

막대기 두 개가 옆으로 누운 모양으로 [   ]을/를 뜻해요.

답 둘

쓰는 순서 一 二

두 이	두 이				

한자 기초 확인

1 장난감이 '一'만큼 들어 있는 바구니를 찾아 ○표 하세요.

2 공 굴리기 대회에서 '二' 등을 하고 있는 학생에 ○표 하세요.

점선 위로 겹쳐서 한자를 써 보세요.

연한 글씨 위로 겹쳐서 한자를 따라 써 보세요.

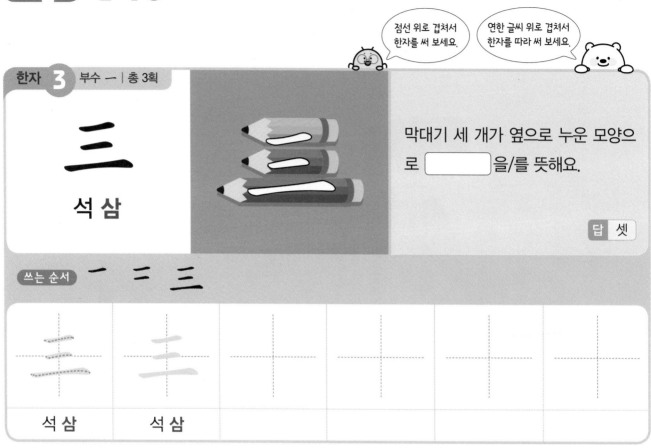

한자 3 부수 一 | 총 3획

三
석 삼

막대기 세 개가 옆으로 누운 모양으로 [　　　　]을/를 뜻해요.

답 **셋**

쓰는 순서 一 二 三

三	三				
석 삼	석 삼				

한자 4 부수 囗 | 총 5획

四
넉 사

막대기 네 개가 누운 모양에서 지금의 모습으로 변한 한자예요. [　　　　]을/를 뜻해요.

답 **넷**

쓰는 순서 丨 冂 冂 四 四

四	四		
넉 사	넉 사		

모양이 비슷한 한자 西(서녘 서)

3 주어진 수만큼 아이스크림을 색칠하세요.

三

4 다리의 개수가 '四'인 동물을 찾아 ○표 하세요.

1 다음 한자 카드에 들어갈 한자로 알맞은 것에 ∨표 하세요.

2 다음 문장의 내용이 맞으면 '예', 틀리면 '아니요'에 ○표 하세요.

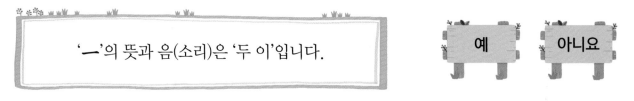

'一'의 뜻과 음(소리)은 '두 이'입니다.

예   아니요

3 그림 속 강아지가 모두 몇 마리인지 세어 본 후, 알맞은 한자에 ○표 하세요.

二   三

4 다음 한자의 음(소리)으로 알맞은 것을 찾아 ∨표 하세요.

三

☐ 일   ☐ 이   ☐ 삼

5 다음 한자의 뜻으로 알맞은 것을 찾아 선으로 이으세요.

四 ·

· 셋

· 넷

6 다음 밑줄 친 낱말에 해당하는 한자를 찾아 ○표 하세요.

네 명이 함께 배드민턴을 하였습니다.

三   四

점선 위로 겹쳐서 한자를 써 보세요.

연한 글씨 위로 겹쳐서 한자를 따라 써 보세요.

한자 1 부수 二 | 총 4획

五
다섯 오

막대기를 이리저리 겹쳐 놓은 모양에서 [　　　]을/를 뜻해요.

답 다섯

쓰는 순서 一 丁 五 五

五	五				
다섯 오	다섯 오				

모양이 비슷한 한자 ▶ 王(임금 왕)

한자 2 부수 八 | 총 4획

六
여섯 륙

다섯보다 하나 더 많은 [　　　]을/를 뜻해요.

답 여섯

쓰는 순서 丶 亠 六 六

六	六				
여섯 륙	여섯 륙				

모양이 비슷한 한자 ▶ 大(큰 대)

1 풍선을 '五'만큼 들고 있는 친구를 찾아 ○표 하세요.

2 주사위 눈의 합이 '六'만큼 나온 친구를 찾아 ○표 하세요.

점선 위로 겹쳐서 한자를 써 보세요.

연한 글씨 위로 겹쳐서 한자를 따라 써 보세요.

한자 3 부수 一 | 총 2획

七

일곱 칠

十(열 십)과 구분하려고 끝을 구부려 쓴 모양으로 [   ]을/를 뜻해요.

답 일곱

쓰는 순서 一 七

七	七					
일곱 칠	일곱 칠					

모양이 비슷한 한자 寸(마디 촌)

한자 4 부수 八 | 총 2획

八

여덟 팔

물건을 나누는 모양을 나타낸 한자로 지금은 뜻이 변하여 [   ]을/를 뜻하게 되었어요.

답 여덟

쓰는 순서 丿 八

八	八					
여덟 팔	여덟 팔					

모양이 비슷한 한자 人(사람 인)

3 그림 속 무지개 색깔의 개수를 한자로 바르게 말한 친구를 찾아 ○표 하세요.

4 'ー'부터 '八'까지의 숫자를 순서대로 따라가 미로를 탈출해 보세요.

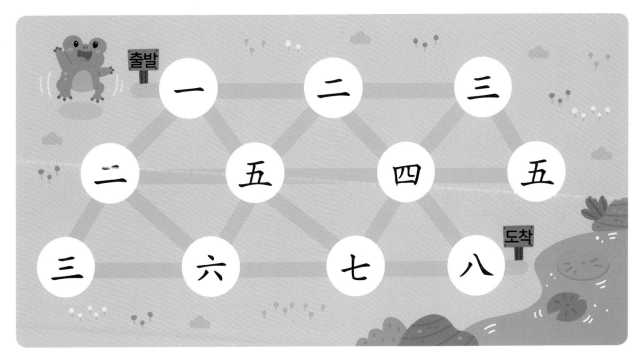

1 다음 한자의 뜻과 음(소리)으로 알맞은 것을 찾아 ○표 하세요.

| 다섯 오 | 여섯 륙 | 일곱 칠 | 여덟 팔 |

2 다음 음(소리)에 해당하는 한자를 찾아 ∨표 하세요.

오   □ 五   □ 六   □ 七

3 다음 밑줄 친 한자의 음(소리)으로 알맞은 것에 ○표 하세요.

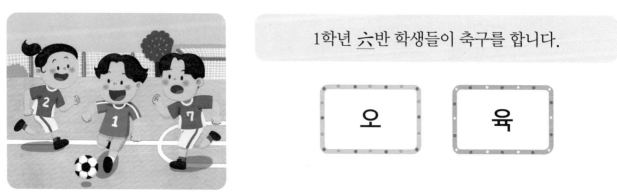

1학년 六반 학생들이 축구를 합니다.

오   육

4 다음 문장의 내용이 맞으면 '예', 틀리면 '아니요'에 ○표 하세요.

'五'의
뜻과 음(소리)은
'다섯 오'입니다.

예

아니요

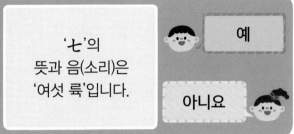

'七'의
뜻과 음(소리)은
'여섯 륙'입니다.

예

아니요

5 그림 속 연필과 지우개가 모두 몇 개인지 세어 본 후, 알맞은 한자에 ○표 하세요.

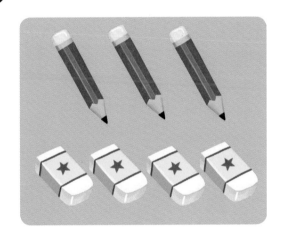

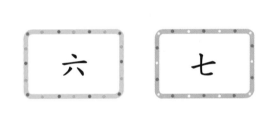

六   七

6 다음 밑줄 친 낱말에 해당하는 한자를 찾아 ○표 하세요.

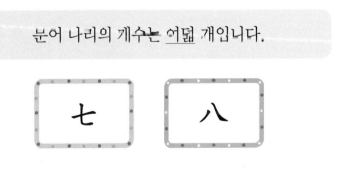

문어 다리의 개수는 <u>여덟</u> 개입니다.

七   八

대표 한자어 01

만일 萬一
일만 만 / 한 일

뜻 혹시 있을지도 모르는 뜻밖의 경우.

일인 一人
한 일 / 사람 인

뜻 한 사람. 어떤 사람.

萬一(만일) 우리가 사장이 된다면 어떨까?

요즘에는 한 사람이 사업의 모든 일을 처리하는 一人(일인) 기업이 많대.

대표 한자어 02

이월 二月
두 이 / 달 월

뜻 2월. 한 해 열두 달 가운데 둘째 달.

이삼 二三
두 이 / 석 삼

뜻 둘이나 셋.

二月(이월)에 하는 봄 방학이 지나면 새 학년을 맞이하게 돼.

봄 방학이 시작되고 二三(이삼) 주 후면 개학을 하지.

대표 한자어 03

삼 녀

三	女
석 삼	여자 녀

뜻 셋째 딸. 세 딸.

삼 십

三	十
석 삼	열 십

뜻 30. 10을 세 번 더한 수.

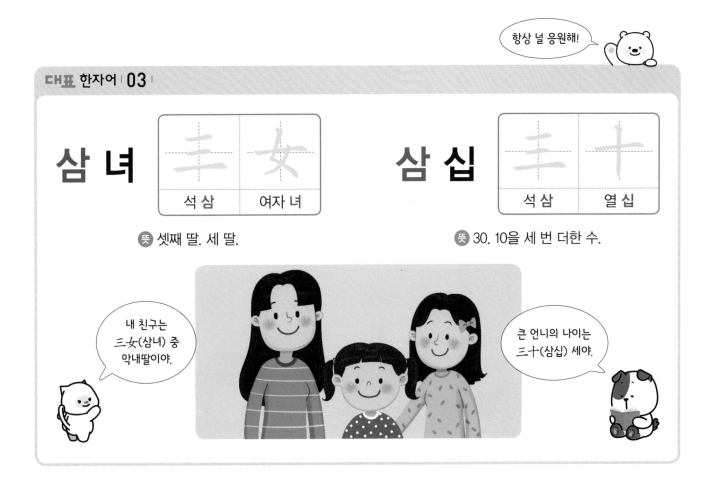

내 친구는 三女(삼녀) 중 막내딸이야.

큰 언니의 나이는 三十(삼십) 세야.

대표 한자어 04

사 월

四	月
넉 사	달 월

뜻 4월. 한 해 열두 달 가운데 넷째 달.

사 오

四	五
넉 사	다섯 오

뜻 넷이나 다섯.

四月(사월)이 되자 벚꽃이 활짝 피었어.

四五(사오) 명이 꽃길을 걷고 있네.

대표 한자어 | 05 |

오 만

五	萬
다섯 오	일만 만

🔵 매우 종류가 많은 여러 가지.

오 륙

五	六
다섯 오	여섯 륙

🔵 다섯이나 여섯.

방바닥에 五萬(오만) 잡동사니가 가득하네.

五六(오륙) 분이면 방을 깨끗하게 치울 수 있을 텐데.

대표 한자어 | 06 |

육 이 오

六	二	五
여섯 륙	두 이	다섯 오

🔵 1950년 6월 25일 북한군이 남한을 공격하여 일어난 전쟁.

참고 '六'이 낱말의 맨 앞에 올 때는 '육'이라고 읽어요.

六二五(육이오) 전쟁은 1950년에 일어났어.

항상 널 응원해!

육 칠

六	七
여섯 륙	일곱 칠

뜻 여섯이나 일곱.

칠 십

七	十
일곱 칠	열 십

뜻 70. 10을 일곱 번 더한 수.

六七(육칠) 명 정도가 모여 축구를 했어.

七十(칠십) 분이 지나자 골이 터졌어.

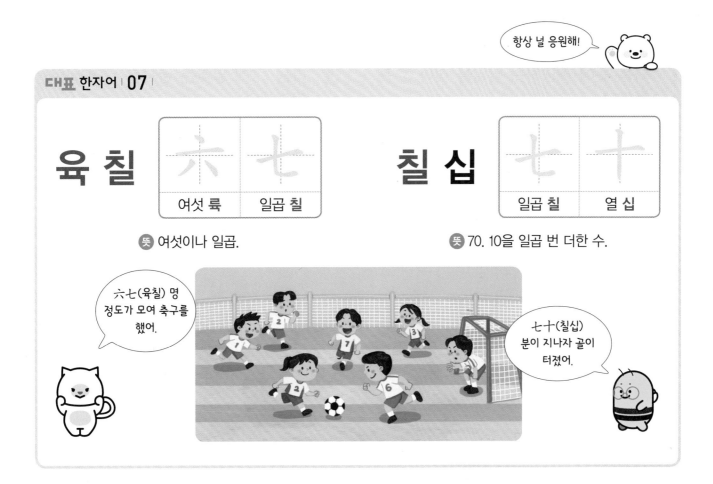

칠 팔

七	八
일곱 칠	여덟 팔

뜻 일곱이나 여덟.

팔 십

八	十
여덟 팔	열 십

뜻 80. 10을 여덟 번 더한 수.

할아버지께서는 七八(칠팔) 년 전부터 꾸준히 운동을 해 오고 계셔.

八十(팔십)이 넘은 나이에도 정정하시네.

1 다음 뜻에 해당하는 낱말을 찾아 ○표 하세요.

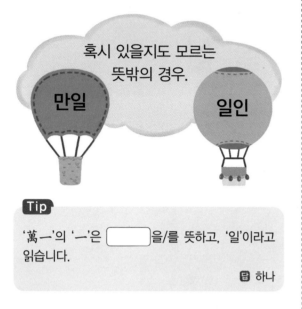

혹시 있을지도 모르는 뜻밖의 경우.

만일

일인

Tip

'萬一'의 '一'은 [   ]을/를 뜻하고, '일'이라고 읽습니다.

답 하나

2 다음에서 '둘이나 셋.'을 뜻하는 한자어를 찾아 ○표 하세요.

二三

二月

Tip

'二三'의 '二'는 '둘'을 뜻하고, [   ](이)라고 읽습니다.

답 이

3 다음 ◌에 알맞은 글자를 넣어 낱말을 만드세요.

셋째 딸. 세 딸.

◯녀

Tip

'三女'의 '三'은 [   ]을/를 뜻하고, '삼'이라고 읽습니다.

답 셋

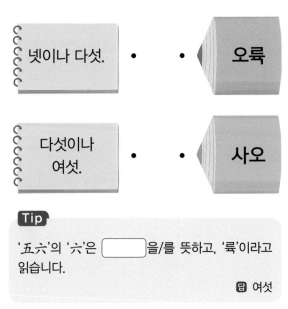

4 다음 뜻에 해당하는 낱말을 찾아 선으로 이으세요.

넷이나 다섯. •

• 오륙

다섯이나
여섯. •

• 사오

Tip

'五六'의 '六'은 [ ]을/를 뜻하고, '륙'이라고 읽습니다.

답 여섯

6 다음 낱말 퍼즐을 푸세요.

		❷이	❸
월			
	❹	❺칠	
		❻	십

가로 열쇠

❷ 둘이나 셋.
❹ 여섯이나 일곱.
❻ 80. 10을 여덟 번 더한 수.

세로 열쇠

❶ 4월. 한 해 열두 달 가운데 넷째 달.
❸ 셋째 딸. 세 딸.
❺ 일곱이나 여덟.

Tip

'여섯이나 일곱'을 뜻하는 한자어는 (六七, 七八) 입니다.

답 六七

5 '七十(칠십)'의 뜻을 바르게 설명한 것에 ○표 하세요.

70. 10을 일곱 번 더한 수.

30. 10을 세 번 더한 수.

Tip

'七十'의 '七'은 '일곱'을 뜻하고, [ ](이)라고 읽습니다.

답 칠

전략 **1**   한자의 음(소리) 쓰기

다음 글의 (   ) 안에 있는 漢字한자의 讀音(독음: 읽는 소리)을 쓰세요.

> 보기
>
> (一) → 일

• (四)촌과 함께 놀았습니다. → (   )

답 **사**

필수 예제 | 01 |

다음 글의 (   ) 안에 있는 漢字한자의 讀音(독음: 읽는 소리)을 쓰세요.

> 보기
>
> (二) → 이

(1) 형은 (六)학년 → (   )

(2) (三)반입니다. → (   )

> 단어의 첫머리에서 음(소리)이 변하는 경우를 주의해야 합니다.
> 예 六七: 륙칠(×),
> 육칠(○)

전략 2 한자의 뜻이나 음(소리)에 알맞은 한자 찾기

다음 訓(훈: 뜻)이나 音(음: 소리)에 알맞은 漢字한자를 보기 에서 찾아 그 번호를 쓰세요.

보기
① 五   ② 六   ③ 七   ④ 八

• 오 ➡ (   )

답 ①

필수 예제 02

다음 訓(훈: 뜻)이나 音(음: 소리)에 알맞은 漢字한자를 보기 에서 찾아 그 번호를 쓰세요.

보기
① 二   ② 四   ③ 五   ④ 七

(1) 둘 ➡ (   )

(2) 칠 ➡ (   )

한자의 뜻과 음(소리)는 반드시 함께 알아 두어야 합니다.

전략 3 제시된 말에 해당하는 한자 찾기

다음 밑줄 친 말에 해당하는 漢字한자를 보기 에서 찾아 그 번호를 쓰세요.

보기

① 三   ② 五   ③ 七   ④ 八

• 백설 공주 이야기에는 <u>일곱</u> 난쟁이가 등장합니다. ➡ (   )

답 ③

필수 예제 | 03 |

다음 밑줄 친 말에 해당하는 漢字한자를 보기 에서 찾아 그 번호를 쓰세요.

보기

① 三   ② 四   ③ 五   ④ 六

(1) 우리 집은 모두 <u>네</u> 식구입니다. ➡ (   )

(2) 삼각형은 <u>세</u> 변으로 이루어진 도형입니다. ➡ (   )

> 먼저 문장 속에 쓰인 말의 뜻을 알아내고, 그 뜻에 해당하는 한자를 찾아내도록 합시다.

전략 4 한자의 뜻과 음(소리) 쓰기

다음 漢字한자의 訓(훈: 뜻)과 音(음: 소리)을 쓰세요.

보기

一 ➡ 한 일

• 二 ➡ ( )

답 두 이

필수 예제 04

다음 漢字한자의 訓(훈: 뜻)과 音(음: 소리)을 쓰세요.

보기

三 ➡ 석 삼

(1) 五 ➡ ( )

(2) 八 ➡ ( )

'한국어문회'에서 제시한 대표
뜻과 음(소리)을 꼭 알아
두어야 합니다.

[한자의 음(소리) 쓰기]

1 다음 글의 (   ) 안에 있는 漢字한자의 讀音(독음: 읽는 소리)을 쓰세요.

내 동생은 (一)학년입니다.

➡ (   )

[한자의 뜻이나 음(소리)에 알맞은 한자 찾기]

2 다음 訓(훈: 뜻)이나 音(음: 소리)에 알맞은 漢字한자를 보기 에서 찾아 그 번호를 쓰세요.

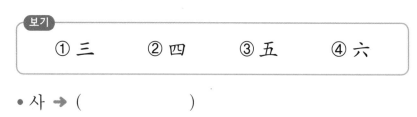

보기

① 三   ② 四   ③ 五   ④ 六

• 사 ➡ (   )

[한자의 뜻이나 음(소리)에 알맞은 한자 찾기]

3 다음 訓(훈: 뜻)이나 音(음: 소리)에 알맞은 漢字한자를 보기 에서 찾아 그 번호를 쓰세요.

보기

① 五   ② 六   ③ 七   ④ 八

• 칠 ➡ (   )

[제시된 말에 해당하는 한자 찾기]

4 다음 밑줄 친 말에 해당하는 漢字한자를 보기 에서 찾아 그 번호를 쓰세요.

Tip
'五'는 '오'라고 읽습니다.

보기
① 四　　② 五　　③ 六　　④ 七

• 고양이가 새끼를 <u>다섯</u> 마리 낳았습니다.
➡ (　　　　　　)

[제시된 말에 해당하는 한자 찾기]

5 다음 밑줄 친 말에 해당하는 漢字한자를 보기 에서 찾아 그 번호를 쓰세요.

Tip
'八'은 '팔'이라고 읽습니다.

보기
① 二　　② 四　　③ 六　　④ 八

• 연필 <u>여덟</u> 자루를 샀습니다.
➡ (　　　　　　)

[한자의 뜻과 음(소리) 쓰기]

6 다음 漢字한자의 訓(훈: 뜻)과 音(음: 소리)을 쓰세요.

Tip
'六'은 '륙'이라고 읽습니다.

보기
一 ➡ 한 **일**

• 六 ➡ (　　　　　　)

01 다음 글의 ( ) 안에 있는 한자의 음(소리)을 쓰세요.

(三)월 1일은 삼일절입니다.

➡ ( )

02 다음 음(소리)에 해당하는 한자를 보기 에서 찾아 그 번호를 쓰세요.

보기

① 二   ② 四   ③ 六

• 이 ➡ ( )

03 다음 밑줄 친 낱말에 해당하는 한자를 보기 에서 찾아 그 번호를 쓰세요.

보기

① 四   ② 五   ③ 六

• 한 시간은 육십 분입니다.
➡ ( )

04 다음 한자의 뜻과 음(소리)을 쓰세요.

보기

一 ➡ 한 일

• 七 ➡ ( )

05 다음 뜻에 해당하는 한자어를 보기 에서 찾아 그 번호를 쓰세요.

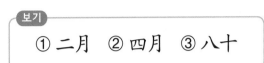

보기
① 二月　② 四月　③ 八十

• 2월. 한 해 열두 달 가운데 둘째 달.
➜ (　　　　　)

06 다음 □ 안에 들어갈 한자를 보기 에서 찾아 그 번호를 쓰세요.

보기
① 一　　② 五　　③ 七

• □ 만 가지 생각이 떠올랐습니다.
➜ (　　　　　)

07 다음 설명 에 해당하는 한자어를 □ 안을 채워 완성하세요.

설명
한 사람. 어떤 사람.

08 다음 밑줄 친 낱말에 해당하는 한자어를 보기 에서 찾아 그 번호를 쓰세요.

보기
① 四五　② 五六　③ 七八

• 칠팔월의 날씨는 무덥습니다.
➜ (　　　　　)

창의 융합

1 다운이가 먹기로 한 사탕의 수를 한자로 쓰세요.

답

창의 융합

2 아름이는 다운이보다 몇 센티미터 작은지 한자로 쓰세요.

답

코딩

1 다음 **조건** 에 맞는 친구를 찾아 ○표 하세요.

조건

모자를 쓰고, 숫자 七이 적힌 옷을 입고 있습니다.

창의 융합

2 순서대로 반복되는 숫자의 규칙을 살펴보고, ☐에 들어갈 알맞은 한자를 쓰세요.

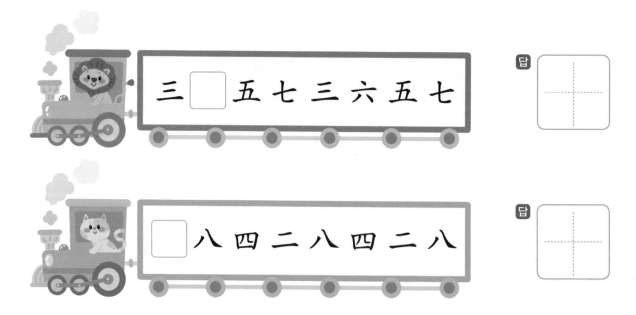

三 ☐ 五 七 三 六 五 七   답

☐ 八 四 二 八 四 二 八   답

3 그림을 보고, 빈칸에 들어갈 알맞은 수를 한자로 쓰세요.

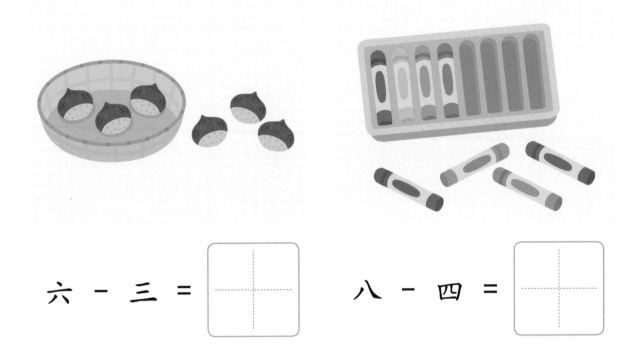

六 - 三 = 　　　　　　　八 - 四 =

4 다음 글을 읽고, 빈칸에 들어갈 알맞은 숫자에 해당하는 한자를 쓰세요.

　　태환이는 일곱 살이고 주현이는 네 살입니다. 태환이와 주현이의 나이만큼 각각의 케이크에 초를 꽂으려고 합니다. 이때 더 필요한 초의 수를 구하면 (　　　　　)개입니다.

태환　　　주현

답

코딩

5 보기 와 똑같은 모양을 만들려면 어떤 순서로 점을 연결해야 할지 생각해 보고, 순서에 알맞은 숫자를 빈칸에 한자로 써 보세요.

보기

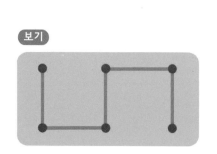

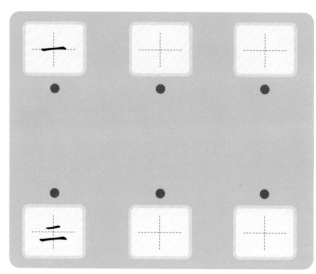

창의 융합

6 시소의 반대편에 몇 명이 탔을지 알맞은 숫자에 ○표 하세요.

창의 융합

7 하나의 숫자를 두 개의 숫자로 가르고 있어요. ①, ②에 들어갈 알맞은 수를 한자로 써 보세요.

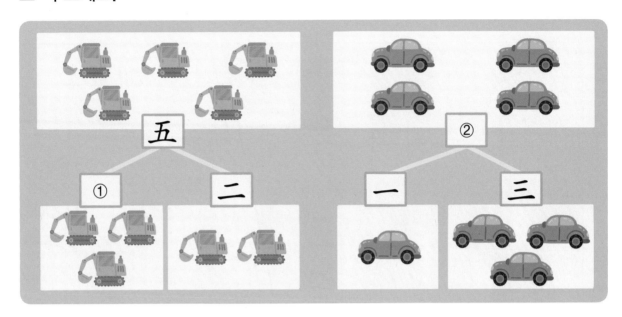

답 ① ②

창의 융합

8 낚싯대의 숫자와 물고기의 숫자를 선으로 이어 합이 10이 되도록 해 보세요.

숫자 / 모양 한자

❶ 九 아홉 **구**　　　　❷ 十 열 **십**　　　　❸ 萬 일만 **만**　　　　❹ 年 해 **년**

❺ 大 큰 **대**　　　　❻ 小 작을 **소**　　　　❼ 中 가운데 **중**　　　　❽ 長 긴 **장**

2주 여일 급수 한자 **돌파 전략 ①**

점선 위로 겹쳐서
한자를 써 보세요.

연한 글씨 위로 겹쳐서
한자를 따라 써 보세요.

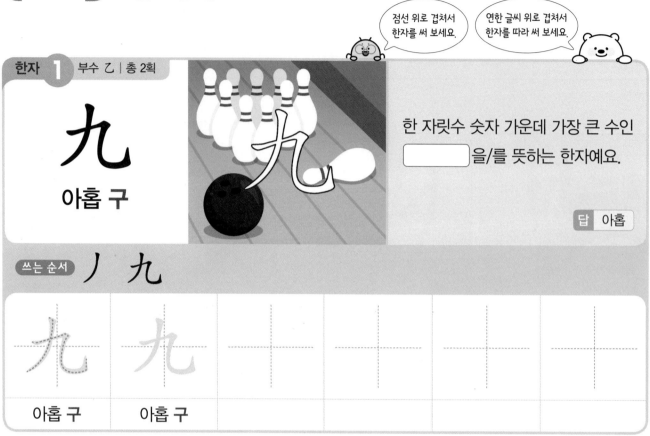

한자 **1** 부수 乙 | 총 2획

九
아홉 구

한 자릿수 숫자 가운데 가장 큰 수인
☐ 을/를 뜻하는 한자예요.

답 아홉

쓰는 순서 ノ 九

九	九				
아홉 구	아홉 구				

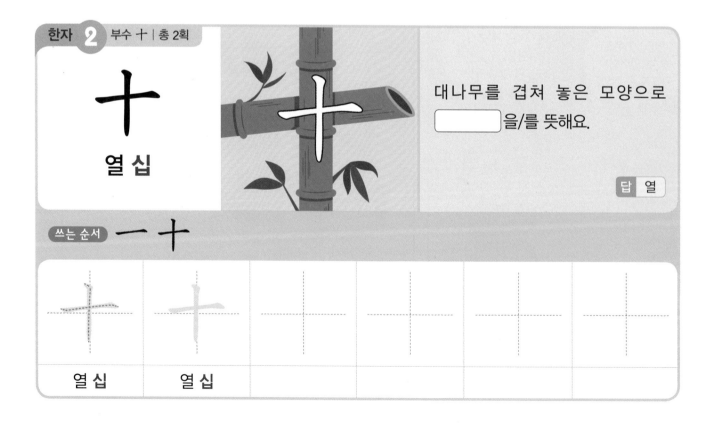

한자 **2** 부수 十 | 총 2획

十
열 십

대나무를 겹쳐 놓은 모양으로
☐ 을/를 뜻해요.

답 열

쓰는 순서 一 十

十	十				
열 십	열 십				

1 사다리를 타고 내려가 숫자에 해당하는 한자를 확인해 보세요.

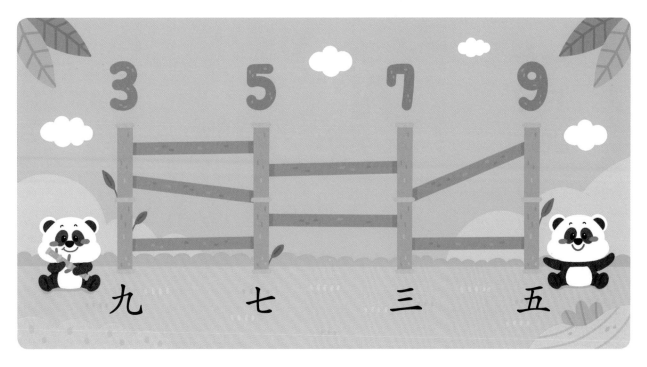

2 한자 '열 십' 자를 따라가 아기 판다가 엄마, 아빠를 만날 수 있게 도와주세요.

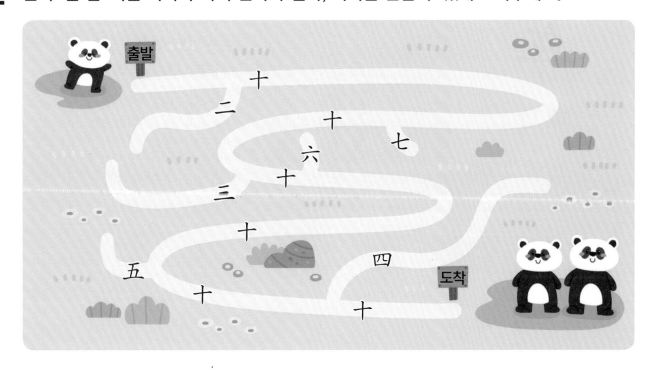

점선 위로 겹쳐서 한자를 써 보세요.

연한 글씨 위로 겹쳐서 한자를 따라 써 보세요.

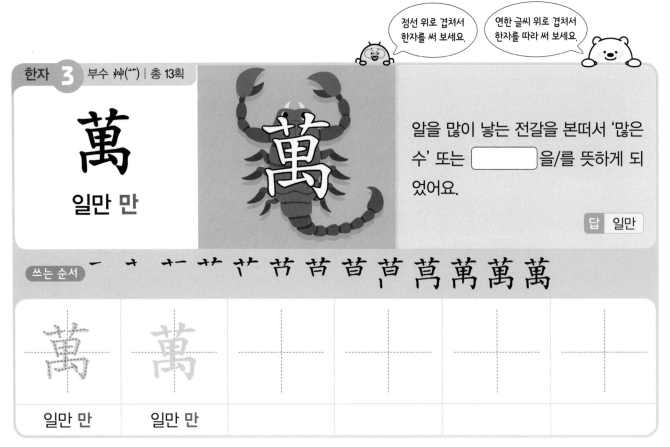

한자 3 | 부수 艸(艹) | 총 13획

萬
일만 만

알을 많이 낳는 전갈을 본떠서 '많은 수' 또는 [ ]을/를 뜻하게 되었어요.

답 일만

쓰는 순서
一 十 十 艹 艹 芍 苎 芦 苩 莒 萬 萬 萬

萬 | 萬 | | | |

일만 만 | 일만 만

한자 4 | 부수 干 | 총 6획

年
해 년

추수하며 볏단을 들고 있는 사람의 모습을 나타낸 한자로 [ ] 또는 '나이'를 뜻해요.

답 해

쓰는 순서
丿 亠 乍 仁 仨 年

年 | 年 | | | |

해 년 | 해 년

3 '萬'의 뜻이나 음(소리)이 쓰여 있는 열매에 ○표 하세요.

4 칠판에 적힌 한자의 뜻과 음(소리)을 바르게 말한 친구에 ○표 하세요.

1 다음 그림의 자동차 수를 나타낸 한자를 찾아 선으로 이으세요.

· 九

· 十

2 다음 한자의 뜻과 음(소리)이 알맞은 것에 ∨표 하세요.

十

☐ 아홉 십

萬

☐ 일만 만

3 그림 속 펭귄이 모두 몇 마리인지 세어 본 후, 알맞은 한자에 ○표 하세요.

年   十

4 다음 밑줄 친 낱말에 해당하는 한자를 찾아 ○표 하세요.

아홉 시까지 숙제를 했습니다.

九   萬

5 다음 한자의 음(소리)으로 알맞은 것을 찾아 ∨표 하세요.

年

☐ 구   ☐ 년   ☐ 만

6 다음 밑줄 친 한자의 뜻으로 알맞은 것에 ○표 하세요.

용돈으로 萬 원을 받았습니다.

해   일만

2주 02일 급수 한자 돌파 전략 ❶

점선 위로 겹쳐서 한자를 써 보세요.

연한 글씨 위로 겹쳐서 한자를 따라 써 보세요.

한자 1 부수 大 | 총 3획

大
큰 대

사람이나 사물의 크기가 보통을 넘는다고 해서 [   ]을/를 나타내요.

답 크다

쓰는 순서 一 ナ 大

大	大				
큰 대	큰 대				

뜻이 반대인 한자 小(작을 소)

한자 2 부수 小 | 총 3획

小
작을 소

작은 조각이 튀는 모습에서 [   ](이)라는 뜻이 생겼어요.

답 작다

쓰는 순서 亅 小 小

小	小				
작을 소	작을 소				

뜻이 반대인 한자 大(큰 대)

1 크기가 가장 큰 집을 찾아 색칠하고, '큰 대(大)' 자를 써 보세요.

2 그림을 보고, 크기가 큰 동물에는 한자 '큰 대' 자를, 크기가 작은 동물에는 한자 '작을 소' 자를 써 보세요.

점선 위로 겹쳐서 한자를 써 보세요.

연한 글씨 위로 겹쳐서 한자를 따라 써 보세요.

| 한자 3 | 부수 丨 | 총 4획 |

中

가운데 중

군사 진영의 가운데에 꽂혀 있는 깃발의 모습에서 [   ]을/를 뜻하게 되었어요.

답 가운데

쓰는 순서 丨 冂 口 中

中	中				

가운데 중 　　가운데 중

| 한자 4 | 부수 長 | 총 8획 |

長

긴 장

긴 털을 가진 노인의 모습에서 어른이나 [   ](이)라는 뜻을 나타내게 되었어요.

답 길다

쓰는 순서 丨 丆 F F F 토 토 長 長

長	長				

긴 장 　　긴 장

3 세 마리의 동물 중 중간 크기의 동물이 탄 뗏목에 한자 '가운데 중' 자를 써 보세요.

4 가장 긴 길이의 리본에 ◯표 하고, '긴 장(長)' 자를 써 보세요.

1 다음 한자의 뜻과 음(소리)으로 알맞은 것을 찾아 선으로 이으세요.

小

長

작을 소

큰 대

가운데 중

긴 장

2 다음 한자 카드에 들어갈 뜻과 음(소리)으로 알맞은 것에 ∨표 하세요.

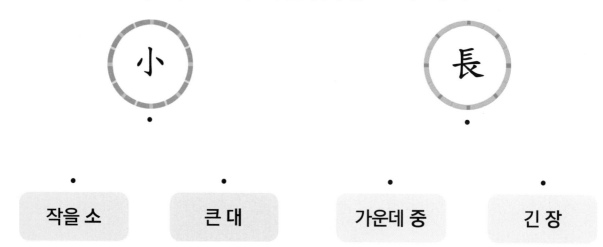

中

☐ 큰 대

☐ 가운데 중

3 다음 밑줄 친 말에 해당하는 한자를 찾아 ○표 하세요.

도로 위로 큰 트럭이 지나갑니다.

小

大

4 다음 뜻에 해당하는 한자를 찾아 ∨표 하세요.

| 길다 |

☐ 中   ☐ 長   ☐ 小

5 다음 밑줄 친 한자의 음(소리)으로 알맞은 것에 ○표 하세요.

친구와 <u>小</u>소한 이야기를 나누었습니다.

| 소 | | 중 |

6 다음 밑줄 친 말에 해당하는 한자를 쓰세요.

기린은 목이 <u>깁니다</u>.

답

대표 한자어 01

구 구

九	九
아홉 구	아홉 구

뜻 곱셈에 쓰는 기초 공식.
구구법으로 셈을 하는 일.

구 십

九	十
아홉 구	열 십

뜻 90. 10을 아홉 번 더한 수.

열심히
곱셈 九九(구구)를
외우는 중인가 봐.

6 × 7 =

47?

42!

벌써 九十(구십) 분째
수학 공부 중이래.

대표 한자어 02

십 이 월

十	二	月
열 십	두 이	달 월

뜻 12월. 한 해 열두 달 가운데 맨 끝 달.

十二月(십이월)에는
크리스마스가 있어.

대표 한자어 03

십 만

十	萬
열 십	일만 만

뜻 100,000. 만을 열 번 더한 수.

만 금

萬	金
일만 만	쇠 금ㅣ성 김

뜻 아주 많은 돈.

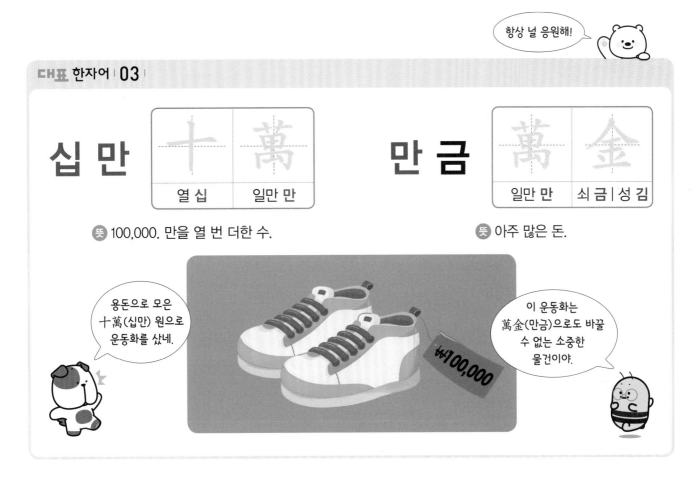

용돈으로 모은
十萬(십만) 원으로
운동화를 샀네.

이 운동화는
萬金(만금)으로도 바꿀
수 없는 소중한
물건이야.

₩100,000

대표 한자어 04

만 년

萬	年
일만 만	해 년

뜻 오랜 세월. 언제나 변함없이 한결같은 상태.

연 중

年	中
해 년	가운데 중

뜻 한 해 동안.

참고 '年'이 낱말의 맨 앞에 올 때는 '연'이라고 읽어요.

萬年(만년)
과장이었는데 올해
승진을 하셨대.

그날은 年中(연중)
가장 기억에 남는 날이
될 거야.

대표 한자어 05

대 소

大	小
큰 대	작을 소

뜻 크고 작음.

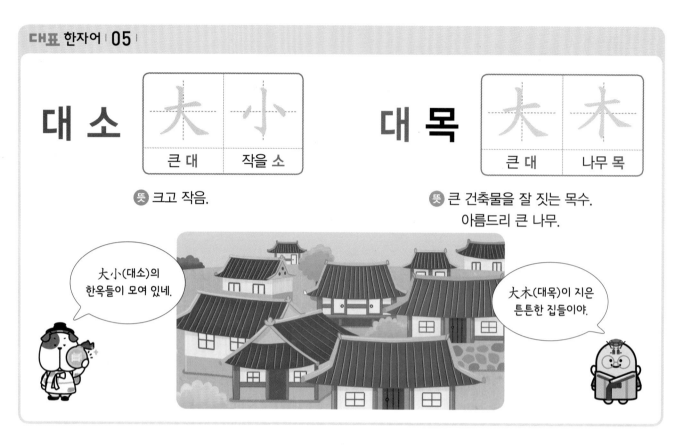

大小(대소)의 한옥들이 모여 있네.

대 목

大	木
큰 대	나무 목

뜻 큰 건축물을 잘 짓는 목수. 아름드리 큰 나무.

大木(대목)이 지은 튼튼한 집들이야.

대표 한자어 06

중 소

中	小
가운데 중	작을 소

뜻 규모나 수준 등이 중간이거나 그 이하인 것.

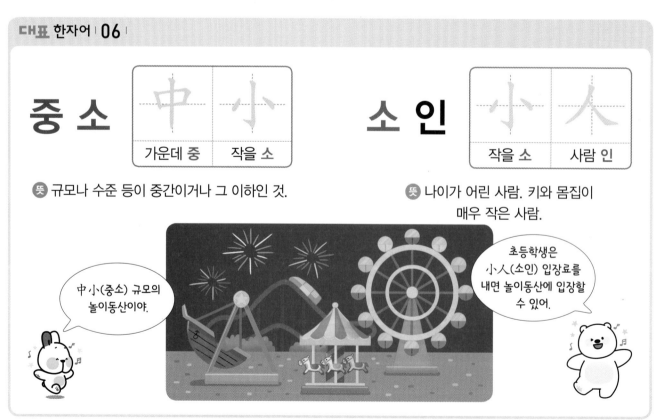

中小(중소) 규모의 놀이동산이야.

소 인

小	人
작을 소	사람 인

뜻 나이가 어린 사람. 키와 몸집이 매우 작은 사람.

초등학생은 小人(소인) 입장료를 내면 놀이동산에 입장할 수 있어.

대표 한자어 07

월 중

月	中
달 월	가운데 중

뜻 그달 동안.

중 년

中	年
가운데 중	해 년

뜻 마흔 살 안팎의 나이. 청년과 노년의 중간.

이번 달 月中(월중) 행사로 선생님 생신이 있어.

선생님께서는 이제 中年(중년)에 접어드셨어.

대표 한자어 08

장 녀

長	女
긴 장	여자 녀

뜻 둘 이상의 딸 가운데 맏이가 되는 딸.

장 생

長	生
긴 장	날 생

뜻 오래 삶.

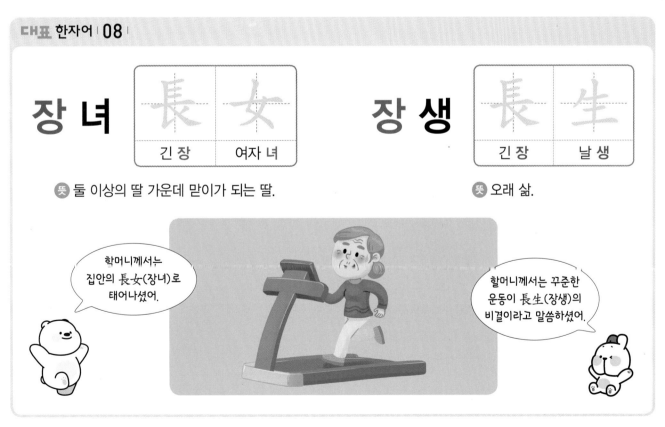

할머니께서는 집안의 長女(장녀)로 태어나셨어.

할머니께서는 꾸준한 운동이 長生(장생)의 비결이라고 말씀하셨어.

1 다음에서 '10을 아홉 번 더한 수.'를 뜻하는 한자어를 찾아 ○표 하세요.

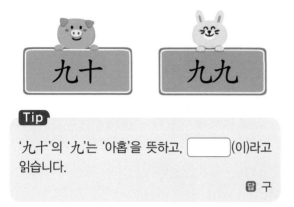

九十   九九

Tip

'九十'의 '九'는 '아홉'을 뜻하고, ☐(이)라고 읽습니다.

🔒 구

3 다음 한자어의 뜻을 바르게 나타낸 것을 찾아 ∨표 하세요.

大木

☐ 오랜 세월. 언제나 변함없이 한결같은 상태.

☐ 큰 건축물을 잘 짓는 목수. 아름드리 큰 나무.

Tip

'大木'의 '大'는 ☐을/를 뜻하고, '대'라고 읽습니다.

🔒 크다

2 다음 뜻에 해당하는 낱말을 찾아 ○표 하세요.

아주 많은 돈.

만년   만금

Tip

'萬金'의 '萬'은 ☐을/를 뜻하고, '만'이라고 읽습니다.

🔒 일만

4 다음 문장의 뜻에 알맞은 낱말을 찾아 ○표 하세요.

자동차에는 (대소 / 소인)의 부품이 수만 개가 필요합니다.

Tip

'大小'의 '小'는 [   ]을/를 뜻하고, '소'라고 읽습니다.

답 작다

5 다음 밑줄 친 한자어의 음(소리)을 쓰세요.

아버지께서는 <u>中小</u>기업을 운영하고 계십니다.

➡ (   )

Tip

'中小'의 '中'은 '가운데'를 뜻하고, [   ](이)라고 읽습니다.

답 중

6 다음 설명에 해당하는 낱말을 낱말판에서 찾아 ○표 하세요.

설명

둘 이상의 딸 가운데 맏이가 되는 딸.

구	대	중
만	장	생
소	녀	년

Tip

'長女'의 '長'은 '길다'를 뜻하고, [   ](이)라고 읽습니다.

답 장

전략 1 한자의 음(소리) 쓰기

다음 글의 (   ) 안에 있는 漢字^{한자}의 讀音^(독음: 읽는 소리)을 쓰세요.

> 보기
>
> (一) ➡ 일

• (九) 분 동안 달리기를 했습니다. ➡ (   )

답 구

필수 예제 | 01 |

다음 글의 (   ) 안에 있는 漢字^{한자}의 讀音^(독음: 읽는 소리)을 쓰세요.

> 보기
>
> (八) ➡ 팔

(1) (年)말이 되어 ➡ (   )

(2) 새해 계획을 세우는 (中)입니다. ➡ (   )

> 단어의 첫머리에서 음(소리)이
> 변하는 경우를 주의해야 합니다.
> 예 年中: 년중(✕), 연중(○)

전략 2 한자의 뜻이나 음(소리)에 알맞은 한자 찾기

다음 訓(훈: 뜻)이나 音(음: 소리)에 알맞은 漢字한자를 보기 에서 찾아 그 번호를 쓰세요.

보기

①十   ②萬   ③長   ④大

• 장 ➡ (   )

답 ③

필수예제 02

다음 訓(훈: 뜻)이나 音(음: 소리)에 알맞은 漢字한자를 보기 에서 찾아 그 번호를 쓰세요.

보기

①年   ②小   ③中   ④十

(1) 가운데 ➡ (   )

(2) 소 ➡ (   )

한자의 뜻과 음(소리)은 반드시 함께 알아 두어야 합니다.

전략 **3** 한자의 뜻 찾기

다음 漢字한자의 訓(훈: 뜻)을 보기에서 찾아 그 번호를 쓰세요.

보기

① 해   ② 크다   ③ 아홉   ④ 길다

• 大 ➡ (   )

답 ②

필수 예제 | 03 |

다음 漢字한자의 訓(훈: 뜻)을 보기에서 찾아 그 번호를 쓰세요.

보기

① 작다   ② 가운데   ③ 일만   ④ 열

(1) 小 ➡ (   )

(2) 十 ➡ (   )

> 한자는 글자마다
> 뜻과 음(소리)을 가지고 있어서,
> 한자의 뜻과 음(소리)을 모두
> 잘 기억해야 합니다.

전략 4 한자의 음(소리) 찾기

다음 漢字한자의 音(음: 소리)을 보기 에서 찾아 그 번호를 쓰세요.

보기

① 대   ② 장   ③ 십   ④ 만

• 萬 ➡ (   )

답 ④

필수 예제 04

다음 漢字한자의 音(음: 소리)을 보기 에서 찾아 그 번호를 쓰세요.

보기

① 소   ② 구   ③ 년   ④ 중

(1) 九 ➡ (   )

(2) 年 ➡ (   )

'한국어문회'에서
제시한 대표 뜻과 음(소리)을
꼭 알아 두어야 합니다.

[한자의 음(소리) 쓰기]

1 다음 글의 (　　　) 안에 있는 漢字한자의 讀音(독음: 읽는 소리)을 쓰세요.

내 생일은 (九)월 1일입니다.

➔ (　　　　　　　)

[한자의 뜻이나 음(소리)에 알맞은 한자 찾기]

2 다음 訓(훈: 뜻)이나 音(음: 소리)에 알맞은 漢字한자를 보기 에서 찾아 그 번호를 쓰세요.

> 보기
>
> ① 中　　② 小　　③ 萬　　④ 年

• 일만 ➔ (　　　　　　　)

[한자의 뜻이나 음(소리)에 알맞은 한자 찾기]

3 다음 訓(훈: 뜻)이나 音(음: 소리)에 알맞은 漢字한자를 보기 에서 찾아 그 번호를 쓰세요.

> 보기
>
> ① 十　　② 長　　③ 大　　④ 九

• 십 ➔ (　　　　　　)

[한자의 뜻 찾기]

4 다음 漢字^{한자}의 訓(훈: 뜻)을 보기 에서 찾아 그 번호를 쓰세요.

Tip
'長'은 '장'이라고 읽습니다.

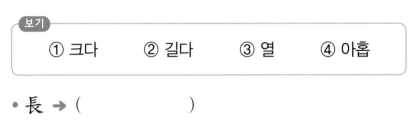

보기

① 크다　　② 길다　　③ 열　　④ 아홉

• 長 ➡ (　　　　　　)

[한자의 뜻 찾기]

5 다음 漢字^{한자}의 訓(훈: 뜻)을 보기 에서 찾아 그 번호를 쓰세요.

Tip
'中'은 '중'이라고 읽습니다.

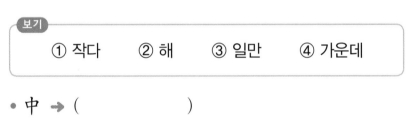

보기

① 작다　　② 해　　③ 일만　　④ 가운데

• 中 ➡ (　　　　　　)

[한자의 음(소리) 찾기]

6 다음 漢字^{한자}의 音(음: 소리)을 보기 에서 찾아 그 번호를 쓰세요.

Tip
'小'는 '작다'를 뜻하는 한자입니다.

보기

① 십　　② 소　　③ 대　　④ 장

• 小 ➡ (　　　　　　)

01 다음 글의 (　　) 안에 있는 한자의 음(소리)을 쓰세요.

누나가 원하는 대학에 합격하여 (萬)세를 외쳤습니다.

➡ (　　　　　　)

02 다음 음(소리)에 해당하는 한자를 보기 에서 찾아 그 번호를 쓰세요.

> 보기
> ① 大　　② 十　　③ 九

• 구 ➡ (　　　　　　)

03 다음 한자의 뜻을 보기 에서 찾아 그 번호를 쓰세요.

> 보기
> ① 해　　② 열　　③ 작다

• 年 ➡ (　　　　　　)

04 다음 한자의 음(소리)을 보기 에서 찾아 그 번호를 쓰세요.

> 보기
> ① 만　　② 장　　③ 중

• 長 ➡ (　　　　　　)

05 다음 밑줄 친 낱말에 해당하는 한자어를 보기 에서 찾아 그 번호를 쓰세요.

보기

① 萬金 ② 年中 ③ 中年

• 생일은 <u>연중</u> 가장 기대되는 날입니다.
　　→ (　　　　　　)

06 다음 설명 에 해당하는 한자어를 □ 안을 채워 완성하세요.

설명

그달 동안.

답

07 다음 뜻에 해당하는 한자어를 보기 에서 찾아 그 번호를 쓰세요.

보기

① 小人 ② 大小 ③ 中小

• 나이가 어린 사람. 키와 몸집이 매우 작은 사람.
　　→ (　　　　　　)

08 다음 □ 안에 들어갈 한자를 보기 에서 찾아 그 번호를 쓰세요.

보기

① 大　　② 萬　　③ 長

• 거북이는 □ 생을 하는 동물입니다.
　　→ (　　　　　　)

2주 창의·융합·코딩 전략 ❶

창의 융합

1 九 곱하기 十의 결과를 한자로 쓰세요.

답

▶정답 9쪽

코딩

1 퍼즐 속 '1'을 모두 색칠했을 때 나타나는 한자의 뜻과 음(소리)을 쓰세요.

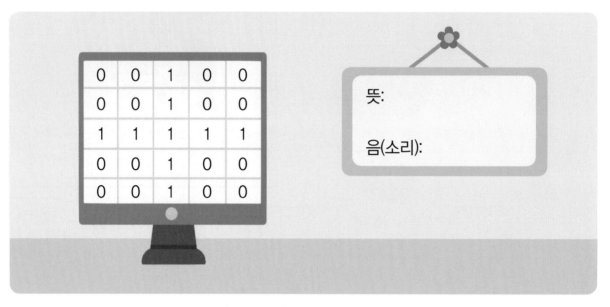

0	0	1	0	0
0	0	1	0	0
1	1	1	1	1
0	0	1	0	0
0	0	1	0	0

뜻:

음(소리):

창의 융합

2 어떤 방향으로 더해도 항상 15가 되는 숫자들이 있어요. 빈칸에 들어갈 숫자를 한자로 쓰세요.

四		二
三	五	七
八	一	六

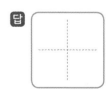

답

3 동물 친구들의 케이크 크기를 비교하여 '大, 中, 小' 중 알맞은 한자를 빈칸에 써 보세요.

4 다음 글을 읽고, 빈칸에 들어갈 숫자를 한자로 쓰세요.

> 걸리버가 정신을 차리고 일어나니 바닷가 모래사장 위에 누워 있었어요. 그러나 밧줄로 꽁꽁 묶여 움직일 수 없었어요. 걸리버의 몸에는 걸리버의 손톱만큼이나 작은 소인국 사람들이 움직이고 있었어요. 소인국 사람들은 밧줄 하나에 10명씩 매달려 있었고, 걸리버의 몸에는 밧줄 9개가 묶여 있었어요. 걸리버 몸에 있는 밧줄에 매달려 있는 소인국 사람의 수를 세어 보니 총 (   )명이었어요.

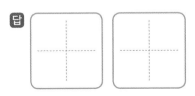

코딩

5 암호표를 보고 빈칸에 들어갈 알맞은 글자를 써서 문장을 완성해 보세요.

암호표						
한자의 뜻과 음(소리)	큰 대	일만 만	긴 장	가운데 중	작을 소	해 년
한글	아	안	친	녕	들	구

창의 융합

6 연필의 길이를 비교해 보고, 가장 긴 연필의 빈칸에 한자 '긴 장' 자를 써 보세요.

창의 융합

7 양동이의 부피를 비교해 보고, 물을 더 많이 담을 수 있는 양동이의 빈칸에 한자 '큰 대' 자를 써 보세요.

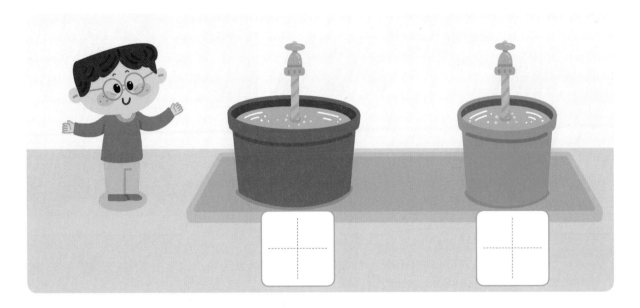

창의 융합

8 규칙을 보고, 한자어와 그에 맞는 동작을 찾아 선으로 이으세요.

> **규칙**
>
> 해 **년** ➡ 🧒   가운데 **중** ➡ 🧒   작을 **소** ➡ 🧒

中 小 •

年 中 •

• 🧒🧒

• 🧒🧒

🐻 만화를 보고, 지금까지 배운 한자를 기억해 보세요.

1주 | 숫자 한자

| 一 | 二 | 三 | 四 | 五 | 六 | 七 | 八 |

2주 | 숫자/모양 한자

| 九 | 十 | 萬 | 年 | 大 | 小 | 中 | 長 |

숫자 한자

1 식탁 위에 쿠키가 놓여 있습니다. 그림을 보고, 물음에 답하세요.

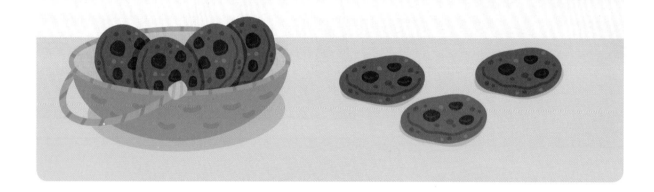

❶ 바구니 안에 담긴 쿠키의 수를 한자로 쓰세요.

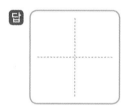

❷ 바구니 안의 쿠키와 바구니 밖의 쿠키를 모두 더한 것보다 하나 더 적은 수를 한자로 쓰세요.

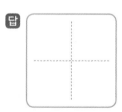

> **Tip**
> '四'의 뜻은 ❶ [   ](이)고, '六'의 뜻은 ❷ [   ]입니다.

답 ❶ 넷 ❷ 여섯

숫자 한자

2 다음은 모양의 개수를 쓴 것입니다. 그림을 보고, 물음에 답하세요.

▲ ▲ ▲	三
■ ■ ■ ■ ■ ■ ■ ■ ■	九
● ● ● ● ●	四

★ ★ ★ ★ ★ ★ ★	七
♥ ♥ ♥ ♥ ♥ ♥	六
◆ ◆	二

❶ 모양의 개수를 잘못 적은 것을 찾아 바르게 고쳐 쓰세요.

❷ 친구들의 대화를 읽고, 빈칸에 들어갈 알맞은 수를 한자로 쓰세요.

- 송이: 그림에서 가장 큰 수는 九이고, 가장 작은 수는 二야.
- 정현: 가장 큰 수에서 가장 작은 수를 빼면 ☐ (이)가 되겠구나.

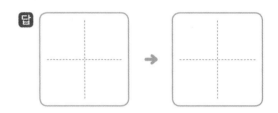

숫자/모양 한자

3 수찬이가 인물을 소개하고 있습니다. 글을 읽고, 물음에 답하세요.

> 이 사람은 우리 가족 중 한 사람이에요.
> 이 사람은 나보다 十年 전에 태어났고,
> 나이는 十九세예요. 이 사람은 안경을 쓰고
> 교복을 입고 있어요. 이 사람은 누구일까요?

❶ 다음 한자어의 음(소리)을 써 보세요.

• 十年 ➡ (   )

• 十九 ➡ (   )

❷ 수찬이가 소개하고 있는 인물을 찾아 ○표 하세요.

> 아버지
> 47살

> 형
> 19살

> 어머니
> 45살

Tip

'十'의 뜻은 ❶[   ](이)고, '年'의 음(소리)은 ❷[   ]입니다.

답 ❶열 ❷년

숫자/모양 한자

4 다음 표를 보고, 물음에 답하세요.

문제	참	거짓
'年'은 '크다'를 뜻한다.	2	3
'작다'를 뜻하는 한자는 '中'이다.	1	9
'長' 자의 뜻은 '길다'이고, 음(소리)은 '장'이다.	8	4
'中小'는 '규모나 수준 등이 중간이거나 그 이하인 것'을 뜻한다.	6	5

❶ 문제의 내용이 맞으면 '참', 틀리면 '거짓'의 숫자를 선택하여 ○표 하고, 그중 가장 큰 수를 한자로 쓰세요.

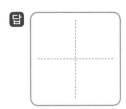

❷ 문제의 내용이 '거짓'인 것을 찾아 바르게 고쳐 쓰세요.

문제
'年'은 '크다'를 뜻한다. → ⬚ 은/는 '크다'를 뜻한다.
'작다'를 뜻하는 한자는 '中'이다. → '작다'를 뜻하는 한자는 ⬚ (이)다.

Tip
'年'의 뜻은 ❶[   ](이)고, '小'의 뜻은 ❷[   ]입니다.

답 ❶ 해 ❷ 작다

[문제 01~02] 다음 글의 (　　　) 안에 있는 漢字한자의 讀音(독음: 읽는 소리)을 쓰세요.

> 보기
>
> (一) ➔ 일

> 나는 농구 경기에서 01(二)점 숏 하나와
> 02(三)점 숏 두 개를 넣었습니다.

01 二 ➔ (　　　　　　)

02 三 ➔ (　　　　　　)

[문제 03~04] 다음 訓(훈: 뜻)이나 音(음: 소리)에 알맞은 漢字한자를 보기 에서 찾아 그 번호를 쓰세요.

> 보기
>
> ① 一　　　　　② 七

03

□

칠

04

□

하나

[문제 05~08] **다음 밑줄 친 말에 해당하는 漢字**한자를 **보기 에서 찾아 그 번호를 쓰세요.**

보기
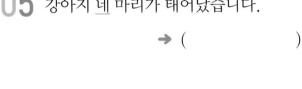

① 四　　② 五　　③ 二　　④ 八

05 강아지 네 마리가 태어났습니다.

→ (　　　　　　　)

06 다섯 번째 순서로 발표를 했습니다.

→ (　　　　　　　)

07 여덟 시에 집에서 출발했습니다.

→ (　　　　　　　)

08 두 사람은 서로 악수했습니다.

→ (　　　　　　　)

[문제 09~10] 다음 漢字한자의 訓(훈: 뜻)과 音(음: 소리)을 쓰세요.

보기

一 ➡ 한 일

09 三 ➡ (   )

10 七 ➡ (   )

[문제 11~12] 다음 漢字한자의 訓(훈: 뜻)을 보기 에서 찾아 그 번호를 쓰세요.

보기

① 넷

② 여섯

11 六 ➡ (   )

12 四 ➡ (   )

[문제 13~14] 다음 漢字_{한자}의 音(음: 소리)을 보기 에서 찾아 그 번호를 쓰세요.

> 보기
>
> ① 일　　　　② 팔

13 一 → (　　　　　)

14 八 → (　　　　　)

[문제 15~16] 다음 漢字_{한자}의 진하게 표시된 획은 몇 번째 쓰는지 보기 에서 찾아 그 번호를 쓰세요.

> 보기
>
> ① 첫 번째　　② 두 번째
> ③ 세 번째　　④ 네 번째

15

(　　　　　)

16

(　　　　　)

[문제 01~02] 다음 글의 (　　) 안에 있는 漢字한자의 讀音(독음: 읽는 소리)을 쓰세요.

> 보기
>
> (一) ➡ 일

01(萬)일 02(大)학생이 된다면 방학 때마다 여행을 많이 다니고 싶습니다.

01 萬 ➡ (　　　　　　)

02 大 ➡ (　　　　　　)

[문제 03~04] 다음 訓(훈: 뜻)이나 音(음: 소리)에 알맞은 漢字한자를 보기 에서 찾아 그 번호를 쓰세요.

> 보기
>
> ① 十　　　　② 年

03

□ 열

04

□ 년

[문제 05～08] 다음 밑줄 친 말에 해당하는 漢字한자를 보기 에서 찾아 그 번호를 쓰세요.

보기
①九　②小　③長　④大

05 작은 냇물이 흐르고 있습니다.

➡ (　　　　　)

06 형은 아홉 살입니다.

➡ (　　　　　)

07 내 발은 동생 발보다 큽니다.

➡ (　　　　　)

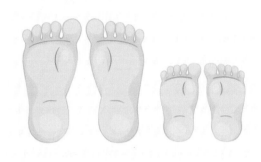

08 길게 줄을 섰습니다.

➡ (　　　　　)

[문제 09~10] 다음 漢字한자의 訓(훈: 뜻)과 音 (음: 소리)을 쓰세요.

> **보기**
>
> 一 → 한 일

09 九 → (   )

10 萬 → (   )

[문제 11~12] 다음 漢字한자의 訓(훈: 뜻)을 **보기** 에서 찾아 그 번호를 쓰세요.

> **보기**
>
> ① 열
>
>
>
> ② 가운데
>
>

11 十 → (   )

12 中 → (   )

[문제 13~14] 다음 漢字한자의 音(음: 소리)을 보기 에서 찾아 그 번호를 쓰세요.

> 보기
> ① 소   ② 장

13 長 → (   )

14 小 → (   )

[문제 15~16] 다음 漢字한자의 진하게 표시된 획은 몇 번째 쓰는지 보기 에서 찾아 그 번호를 쓰세요.

> 보기
> ① 첫 번째   ② 두 번째
> ③ 세 번째   ④ 네 번째

15

(   )

16

年

(   )

교과 학습 한자어 | 01 |

소 매

작을 소 　 팔 매

우리 동네 과일 가게는
과수원에서 과일을 직접
사서 고객에게
小賣(소매)합니다.

뜻 물건을 낱개로 소비자에게 파는 일.

심화 한자 1 　 부수 貝 | 총 15획

賣
팔 매

'물건을 팔다'를 뜻하는 한자예요. '買(살 매)'와 구분하기 위해 '㞢(날 출)'을 덧붙여서 '팔다'라는 뜻을 나타내게 되었어요.

 쓰는 순서 一 十 十 士 吉 吉 吉 吉 声 壱 壱 賣 賣 賣 賣

賣　　賣

팔 매 　 　 팔 매

선 장

| 배 선 | 긴 장 |

🗨 船長(선장)은 배를 조종하고, 배에서 근무하는 사람들을 관리합니다.

뜻 배에서 일어나는 모든 일을 맡고 있는 최고 책임자.

심화 한자 ❷ 부수 舟 | 총 11획

船
배 선

'배'나 '선박'을 뜻하는 한자예요. '舟(배 주)'와 '沿(물 따라갈 연)'이 결합되어 배가 물을 따라 흘러가는 모습을 표현했어요.

쓰는 순서 ﾉ 丿 刀 刀 月 舟 舟 舡 舡 船 船

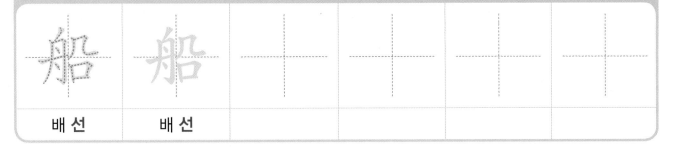

| 배 선 | 배 선 | | | | |

교과 학습 한자어 | 03 |

연 말

年	末
해 년	끝 말

우리 가족은
年末(연말)마다
가족 여행을
떠납니다.

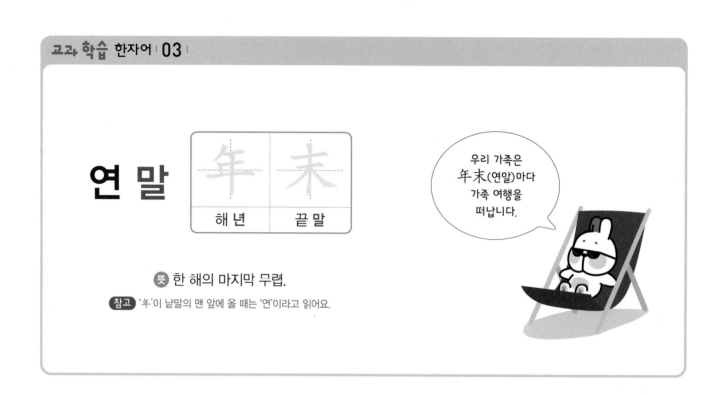

뜻 한 해의 마지막 무렵.

참고 '年'이 낱말의 맨 앞에 올 때는 '연'이라고 읽어요.

심화 한자 **3** 부수 末 | 총 5획

末
끝 말

'끝부분'이나 '꼭대기'를 뜻하는 한자예요. '木(나무
목)'과 'ㅡ(한 일)'이 결합되어 사물의 끝이란 뜻을 나
타내게 되었어요.

쓰는 순서 ㅡ 二 丰 才 末

末	末				
끝 말	끝 말				

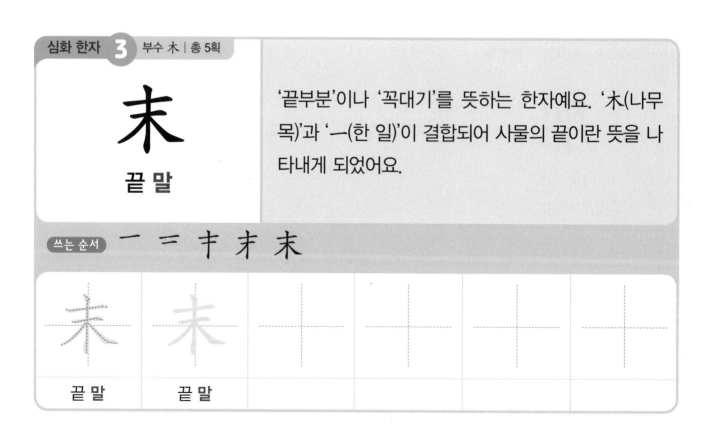

1 다음 한자어판에서 설명 에 해당하는 한자어를 찾아 ○표 하세요.

> 설명
>
> 물건을 낱개로 소비자에게 파는 일.

2 다음 뜻에 해당하는 한자어를 찾아 선으로 이으세요.

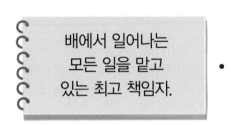

배에서 일어나는
모든 일을 맡고
있는 최고 책임자.

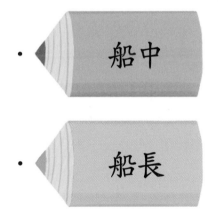

船中

船長

3 다음 설명 에 해당하는 한자어를 찾아 ○표 하세요.

> 설명
>
> 한 해의 마지막 무렵.

年末　　　一年

한자

전편을 모두 공부하느라
수고 많았어요!

쑥쑥 오른 한자 실력으로
어려운 문제도 척척 풀 수 있을 거예요.

이제는 후편을 공부하며
차근차근 한자 실력을 길러 볼까요?

어떤 한자가 우리를 기다리고 있을지
준비, 출발!

한자 전략

1단계 A 8급 ①

후편

이 책의 **차례**

■은 1단계 A 전편 학습 한자, ■은 후편 학습 한자입니다.

ㄱ				
教	校	九	國	軍
가르칠 교	학교 교	아홉 구	나라 국	군사 군
金	ㄴ 南	女	年	大
쇠금|성김	남녘 남	여자 녀	해 년	큰 대
ㄷ 東	ㄹ 六	ㅁ 萬	母	木
동녘 동	여섯 륙	일만 만	어머니 모	나무 목
門	民	ㅂ 白	父	北
문 문	백성 민	흰 백	아버지 부	북녘 북|달아날 배
ㅅ 四	山	三	生	西
넉 사	메 산	석 삼	날 생	서녘 서

先	小	水	室	十
먼저 선	작을 소	물 수	집 실	열 십
五	王	外	月	二
다섯 오	임금 왕	바깥 외	달 월	두 이
人	一	日	長	弟
사람 인	한 일	날 일	긴 장	아우 제
中	青	寸	七	土
가운데 중	푸를 청	마디 촌	일곱 칠	흙 토
八	學	韓	兄	火
여덟 팔	배울 학	한국/나라 한	형 형	불 화

요일 / 자연 한자

❶ 月 달 월　　❷ 火 불 화　　❸ 水 물 수　　❹ 木 나무 목
❺ 金 쇠 금 | 성 김　　❻ 土 흙 토　　❼ 日 날 일　　❽ 山 메 산

점선 위로 겹쳐서 한자를 써 보세요.

연한 글씨 위로 겹쳐서 한자를 따라 써 보세요.

한자 1 | 부수 月 | 총 4획

月
달 월

하늘에 뜬 달의 모습에서 [　　　] 을/를 뜻하게 되었어요.

답 달

쓰는 순서 丿 刀 月 月

月	月				
달 월	달 월				

뜻이 반대인 한자 日(날 일)

한자 2 | 부수 火 | 총 4획

火
불 화

불길이 솟아올라 타는 모습에서 [　　　] 을/를 뜻하게 되었어요.

답 불

쓰는 순서 丶 丷 少 火

火	火				
불 화	불 화				

뜻이 반대인 한자 水(물 수)

1 다음 한자의 뜻에 해당하는 그림을 들고 있는 동물에 ◯표 하세요.

2 다음 한자의 뜻과 음(소리)으로 바른 것을 찾아 ∨표 하세요.

점선 위로 겹쳐서 한자를 써 보세요.

연한 글씨 위로 겹쳐서 한자를 따라 써 보세요.

한자 ❸ 부수 水 | 총 4획

水

물 수

시냇물이 흐르는 모습에서 〔　　〕을/를 뜻하게 되었어요.

답 물

쓰는 순서 │ 키 水 水

水	水				
물 수	물 수				

뜻이 반대인 한자 火(불 화)

한자 ❹ 부수 木 | 총 4획

木

나무 목

나무가 땅에 뿌리를 내리고 가지를 뻗어나가는 모습에서 〔　　〕을/를 뜻하게 되었어요.

답 나무

쓰는 순서 一 十 才 木

木	木				
나무 목	나무 목				

3 한자 '물 수'를 찾아 선으로 이으며 목적지에 도착하세요.

4 그림을 보고, 대화 속 ☐ 안에 들어갈 알맞은 한자를 쓰세요.

1 다음 한자의 뜻과 음(소리)으로 알맞은 것을 찾아 ○표 하세요.

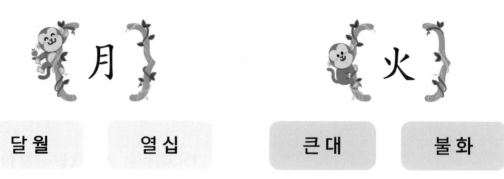

| 달 월 | 열 십 | | 큰 대 | 불 화 |

2 다음에서 '불'을 뜻하는 한자를 찾아 색칠하세요.

| 九 | 火 | 長 |

3 다음 밑줄 친 한자의 음(소리)으로 알맞은 것에 ○표 하세요.

木재로 만들어진 의자를 샀습니다.

월   목

▶정답 12쪽

4 다음 문장의 내용이 맞으면 '예', 틀리면 '아니요'에 ○표 하세요.

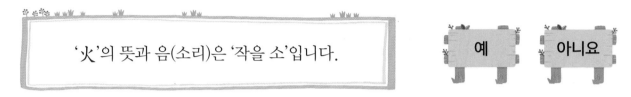

'火'의 뜻과 음(소리)은 '작을 소'입니다.

예   아니요

5 다음 한자 카드에 들어갈 뜻과 음(소리)으로 알맞은 것에 ∨표 하세요.

水

☐ 물 수   ☐ 해 년

6 다음 밑줄 친 말에 해당하는 한자를 쓰세요.

오늘밤에는 둥근 보름달이 떴습니다.

답

점선 위로 겹쳐서 한자를 써 보세요.

연한 글씨 위로 겹쳐서 한자를 따라 써 보세요.

한자 ① 부수 金 | 총 8획

金

쇠 금 | 성 김

쇳덩이를 녹이는 도구를 그린 것으로, '금'이나 ❶ ☐ 을/를 뜻해요.
'김'이라고 읽을 때는 ❷ ☐ 을/를 뜻해요.

답 ❶ 쇠 ❷ 성(성씨)

쓰는 순서 ノ 人 人 스 쏘 全 余 金 金

金　金

쇠 금 | 성 김　쇠 금 | 성 김

한자 ② 부수 土 | 총 3획

土

흙 토

땅 위에 흙덩어리가 뭉쳐 있는 모습에서 ☐ 을/를 뜻하게 되었어요.

답 흙

쓰는 순서 一 十 土

土　土

흙 토　흙 토

▶정답 13쪽

1 한자의 뜻과 음(소리)으로 알맞은 것을 따라가며 보물을 찾아보세요.

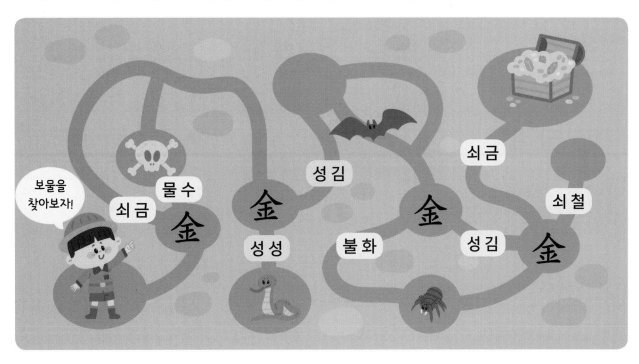

2 그림에서 한자 '흙 토'를 모두 찾아 ◯표 한 후, ☐ 안에 알맞은 숫자를 쓰세요.

'흙'을 뜻하는

한자는 총 ☐ 개입니다.

점선 위로 겹쳐서 한자를 써 보세요.

연한 글씨 위로 겹쳐서 한자를 따라 써 보세요.

한자 **3** 부수 日 | 총 4획

日
날 일

해가 떠 있는 동안을 하루라고 하여 '해'나 [ ]을/를 뜻해요.

답 날(하루)

쓰는 순서 ㅣ 冂 冃 日

日 日
날 일   날 일

뜻이 반대인 한자 月(달 월)   모양이 비슷한 한자 白(흰 백)

한자 **4** 부수 山 | 총 3획

山
메 산

세 개의 산봉우리가 우뚝 솟아 있는 모습에서 [ ]을/를 뜻하게 되었어요.

답 산

쓰는 순서 ㅣ 屮 山

山 山
메 산   메 산

16   한자 전략

3 다음 뜻과 음(소리)에 해당하는 한자를 찾아 선으로 이으세요.

4 다음 한자의 뜻과 음(소리)을 바르게 말한 학생을 찾아 ○표 하세요.

1 친구들이 들고 있는 한자의 뜻과 음(소리)을 보기 에서 찾아 그 번호를 쓰세요.

보기
① 흙 토　　② 날 일　　③ 메 산

→ (　　　　　)　　→ (　　　　　)　　→ (　　　　　)

2 다음 한자의 음(소리)으로 알맞은 것을 찾아 선으로 이으세요.

月　·

· 수

· 월

3 다음 뜻에 해당하는 한자를 찾아 ∨표 하세요.

날

□ 六　　□ 土　　□ 日

4 다음 밑줄 친 한자의 음(소리)으로 알맞은 것에 ○표 하세요.

쇼트 트랙 국가 대표 팀은 이번 올림픽에서
金메달을 획득하였습니다.

| 금 | 장 |

5 다음 한자의 뜻과 음(소리)을 쓰세요.

山 ☐을/를 뜻하고, ☐(이)라고 읽습니다.

日 ☐을/를 뜻하고, ☐(이)라고 읽습니다.

6 다음 밑줄 친 말에 해당하는 한자를 찾아 ○표 하세요.

어버이날을 맞아 부모님께 카네이션과
감사 편지를 드렸습니다.

山   日

대표 한자어 01

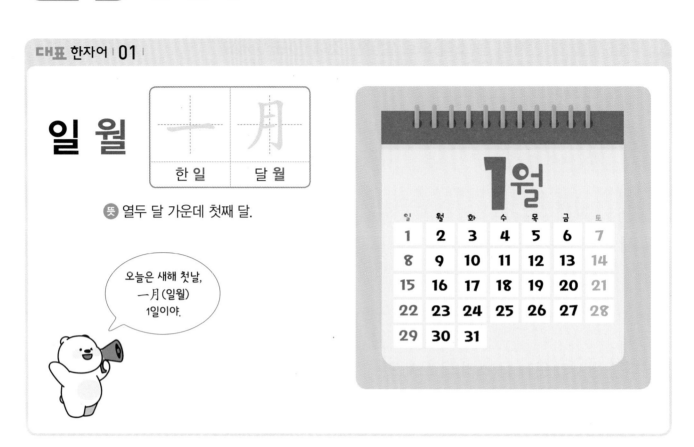

일 월

一	月
한 일	달 월

뜻 열두 달 가운데 첫째 달.

오늘은 새해 첫날,
一月(일월)
1일이야.

1월

일	월	화	수	목	금	토
1	2	3	4	5	6	7
8	9	10	11	12	13	14
15	16	17	18	19	20	21
22	23	24	25	26	27	28
29	30	31				

대표 한자어 02

화 산

火	山
불 화	메 산

뜻 땅속의 가스나 용암이 터져 나와 만들어진 산.

화 목

火	木
불 화	나무 목

뜻 불을 때는 데 쓸 나무.

제주도는 火山(화산)
활동으로 만들어진
섬이래. 신기하다!

제주도에 사시는
할아버지는 겨울나기
준비를 위해 火木(화목)
을 쌓아 두셨대.

항상 널 응원해!

대표 한자어 03

수 중

水	中
물 수	가운데 중

뜻 물속.

수 생

水	生
물 수	날 생

뜻 생물이 물속에서 남. 물속에서 삶.

이 카메라는 水中(수중) 촬영이 가능해. 물속을 한번 살펴볼까?

물속에 다양한 수생(水生) 식물들이 살고 있구나.

대표 한자어 04

연 금

年	金
해 년	쇠 금 l 성 김

뜻 국가 · 회사 · 단체 등에서 오래 일하였거나 특별한 공로가 있는 사람에게 매년 주는 돈.

참고 '年'이 낱말의 맨 앞에 올 때는 '연'이라고 읽어요.

오랫동안 일하신 할아버지와 할머니는 年金(연금)을 받고 계셔.

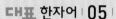

대표 한자어 | 05 |

토 목

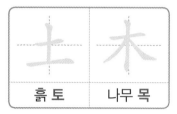

| 흙 토 | 나무 목 |

뜻 흙과 나무. 땅과 하천 등을 고쳐 만드는 공사.

이 곳에서는 대규모
土木(토목) 공사가
진행되고 있어.

대표 한자어 | 06 |

일 월

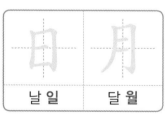

| 날 일 | 달 월 |

뜻 해와 달. 또는 날과 달(세월).

일 일

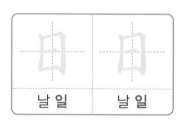

| 날 일 | 날 일 |

뜻 각각의 개별적인 나날. 매일.

日月(일월)의
움직임을 보면 시간의
흐름을 알 수 있어.

나는
日日(일일) 계획표를
적으면서 시간을 보내고
있어.

대표 한자어 07

일 일

一	日
한 일	날 일

뜻 하루. 또는 어떤 달의 첫째 날.

과자를 만드는
一日(일일) 체험
학습을 다녀왔어.

대표 한자어 08

산 수

山	水
메 산	물 수

뜻 산과 물. 경치.

산 중

山	中
메 산	가운데 중

뜻 산속.

우리나라는
山水(산수)가 아름답기로
유명해.

저 깊은
山中(산중)에는
무엇이 있을까?

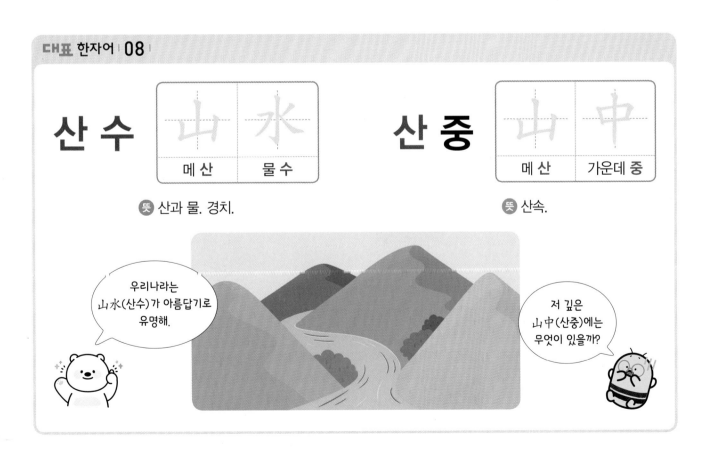

1 다음 문장의 내용이 맞으면 '예', 틀리면 '아니요'에 ○표 하세요.

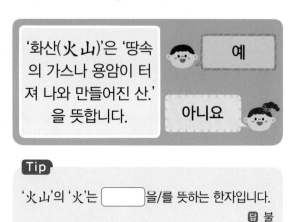

'화산(火山)'은 '땅속의 가스나 용암이 터져 나와 만들어진 산.'을 뜻합니다.

예

아니요

Tip

'火山'의 '火'는 [   ]을/를 뜻하는 한자입니다.

🔑답 불

3 다음 문장에 들어갈 말로 어울리는 한자어를 찾아 ○표 하세요.

(水中 / 年金) 발레는 동작이 아름답습니다.

Tip

'水中'의 '水'는 [   ]을/를 뜻하는 한자입니다.

🔑답 물

2 다음 뜻에 해당하는 낱말을 찾아 선으로 이으세요.

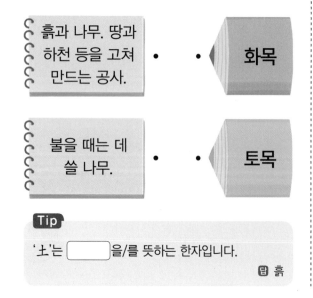

흙과 나무. 땅과 하천 등을 고쳐 만드는 공사. •

• 화목

불을 때는 데 쓸 나무. •

• 토목

Tip

'土'는 [   ]을/를 뜻하는 한자입니다.

🔑답 흙

4 다음에서 '산속.'을 뜻하는 한자어를 찾아 ○표 하세요.

山水   山中

Tip

'山中'의 '中'은 [　　] 을/를 뜻하는 한자입니다.

답 가운데

5 '一月(일월)'의 뜻을 바르게 설명한 것에 ○표 하세요.

열두 달 가운데 첫째 달.   하루. 또는 어떤 달의 첫째 날.

Tip

'月'은 [　　] 을/를 뜻하며, '월'이라고 읽습니다.

답 달

6 다음 낱말 퍼즐을 푸세요.

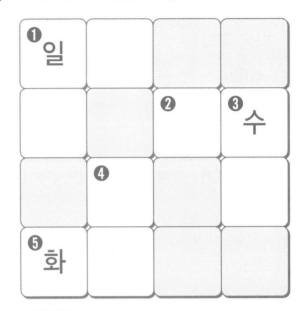

가로 열쇠

❶ 열두 달 가운데 첫째 달.
❷ 산과 물. 경치.
❺ 불을 때는 데 쓸 나무.

세로 열쇠

❶ 하루. 또는 어떤 달의 첫째 날.
❸ 물속.
❹ 흙과 나무. 땅과 하천 등을 고쳐 만드는 공사.

Tip

'火木'의 '木'은 '나무'를 뜻하고, [　　] (이)라고 읽습니다.

답 목

전략 1 한자의 음(소리) 쓰기

다음 글의 (   ) 안에 있는 漢字^{한자}의 讀音(독음: 읽는 소리)을 쓰세요.

> **보기**
>
> (大) ➡ 대

• 1월 1(日) 새해가 밝았습니다. ➡ (   )

답 일

필수 예제 01

다음 글의 (   ) 안에 있는 漢字^{한자}의 讀音(독음: 읽는 소리)을 쓰세요.

> **보기**
>
> (九) ➡ 구

(1) (山)에 급히 올랐더니 ➡ (   )

(2) 목이 말라서 생(水)를 꺼내 마셨습니다. ➡ (   )

> 한자는 글자마다 뜻과
> 음(소리)을 가지고 있어서,
> 한자의 뜻과 음(소리)을
> 모두 잘 기억해야 합니다.

전략 2 한자의 뜻이나 음(소리)에 알맞은 한자 찾기

다음 訓(훈: 뜻)이나 音(음: 소리)에 알맞은 漢字한자를 보기 에서 찾아 그 번호를 쓰세요.

보기
①八 ②火 ③山 ④水

• 화 ➡ (   )

답 ②

필수 예제 02

다음 訓(훈: 뜻)이나 音(음: 소리)에 알맞은 漢字한자를 보기 에서 찾아 그 번호를 쓰세요.

보기
①七 ②木 ③土 ④月

(1) 목 ➡ (   )

(2) 흙 ➡ (   )

한자의 뜻과 음(소리)은 반드시 함께 알아 두어야 합니다.

전략 3   제시된 말에 해당하는 한자 찾기

다음 밑줄 친 말에 해당하는 漢字한자를 보기 에서 찾아 그 번호를 쓰세요.

보기

        ① 中   ② 日   ③ 月   ④ 萬

- 밤하늘에 떠 있는 달과 별을 보았습니다. ➜ (   )

답 ③

필수 예제 | 03 |

다음 밑줄 친 말에 해당하는 漢字한자를 보기 에서 찾아 그 번호를 쓰세요.

보기

        ① 水   ② 火   ③ 年   ④ 金

(1) 불이 활활 타오릅니다. ➜ (   )

(2) 꽃에 물을 주었습니다. ➜ (   )

> 먼저 문장 속에 쓰인 말의 뜻을 알아내고, 그 뜻에 해당하는 한자를 찾아내도록 합시다.

전략 4 한자의 음(소리) 찾기

다음 漢字^{한자}의 音^(음: 소리)을 보기 에서 찾아 그 번호를 쓰세요.

보기
① 산　　　② 인　　　③ 토　　　④ 장

• 山 ➡ (　　　　　)

답 ①

필수 예제 | 04 |

다음 漢字^{한자}의 音^(음: 소리)을 보기 에서 찾아 그 번호를 쓰세요.

보기
① 중　　　② 월　　　③ 소　　　④ 일

(1) 月 ➡ (　　　　　)

(2) 日 ➡ (　　　　　)

'한국어문회'에서 제시한 대표 뜻과 음(소리)을 꼭 알아 두어야 합니다.

[한자의 음(소리) 쓰기]

1 다음 글의 (　　　) 안에 있는 漢字한자의 讀音(독음: 읽는 소리)을 쓰세요.

오늘 있었던 일들을
(日)기에 썼습니다.

➜ (　　　　　　　)

[한자의 뜻이나 음(소리)에 알맞은 한자 찾기]

2 다음 訓(훈: 뜻)이나 音(음: 소리)에 알맞은 漢字한자를 보기 에서 찾아 그 번호를 쓰세요.

보기
　① 火　　② 四　　③ 小　　④ 水

• 수 ➜ (　　　　　　　)

[한자의 뜻이나 음(소리)에 알맞은 한자 찾기]

3 다음 訓(훈: 뜻)이나 音(음: 소리)에 알맞은 漢字한자를 보기 에서 찾아 그 번호를 쓰세요.

보기
　① 中　　② 月　　③ 金　　④ 山

• 달 ➜ (　　　　　　　)

[제시된 말에 해당하는 한자 찾기]

4 다음 밑줄 친 말에 해당하는 漢字한자를 보기 에서 찾아 그 번호를 쓰세요.

Tip
'金'은 '금' 또는 '김'이라고 읽습니다.

보기
　　① 五　　　② 萬　　　③ 金　　　④ 九

• <u>쇠</u>가 녹이 슬었습니다. ➡ (　　　　　)

[제시된 말에 해당하는 한자 찾기]

5 다음 밑줄 친 말에 해당하는 漢字한자를 보기 에서 찾아 그 번호를 쓰세요.

Tip
'土'는 '토'라고 읽습니다.

보기
　　① 山　　　② 土　　　③ 火　　　④ 木

• 손에 묻은 <u>흙</u>을 털었습니다. ➡ (　　　　　)

[한자의 음(소리) 찾기]

6 다음 漢字한자의 音(음: 소리)을 보기 에서 찾아 그 번호를 쓰세요.

Tip
'木'은 '나무'를 뜻하는 한자입니다.

보기
　　① 목　　　② 소　　　③ 일　　　④ 수

• 木 ➡ (　　　　　)

01 다음 뜻과 음(소리)에 알맞은 한자를 찾아 ○표 하세요.

메 산

山

月

02 다음 ☐ 안에 들어갈 한자에 ○표 하세요.

우리 반에는 성이 ☐ 씨인

친구들이 많습니다.

(金 / 木)

03 다음 ☐ 안에 들어갈 한자를 보기 에서 찾아 그 번호를 쓰세요.

보기

① 水   ② 月   ③ 日

• 일 ☐ : 해와 달. 또는 날과 달.

➡ (   )

04 다음 설명 에 해당하는 한자어를 ☐ 안을 채워 완성하세요.

설명

각각의 개별적인 나날. 매일.

답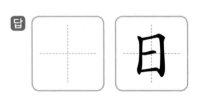

日

05 다음 한자의 뜻을 보기 에서 찾아 그 번호를 쓰세요.

> 보기
>
> ① 불   ② 물   ③ 흙

• 土 ➡ (   )

07 다음 음(소리)에 해당하는 한자를 보기 에서 찾아 그 번호를 쓰세요.

> 보기
>
> ① 木   ② 水   ③ 火

• 수 ➡ (   )

06 다음 뜻에 해당하는 한자어를 보기 에서 찾아 그 번호를 쓰세요.

> 보기
>
> ① 火山 ② 水生 ③ 年金

• 땅속의 가스나 용암이 터져 나와 만들어진 산.

➡ (   )

08 다음 밑줄 친 낱말에 해당하는 한자 어를 보기 에서 찾아 그 번호를 쓰세요.

> 보기
>
> ① 土木 ② 一月 ③ 山中

• 깊은 산중에서 길을 잃고 말았습니다.

➡ (   )

창의 융합

1 위 대화를 읽고, 한라산과 같이 '땅속의 가스나 용암이 터져 나와 만들어진 산'을 무엇이라고 하는지 한글로 쓰세요.

→ (   )

▶정답 15쪽

창의 융합

2 위 대화를 읽고, 설날과 정월 대보름은 음력으로 몇 월인지 한글로 쓰세요.

→ (   )

1 다음 글을 읽고, 할머니의 생신 선물을 사러 갈 날짜에 ◯표 하세요.

★ 할머니의 생신 잔치는 '셋째 주 금요일'입니다.

★ 할머니의 생신 잔치 3일 전에 할머니 생신 선물을 사려고 합니다.

日요일	月요일	火요일	水요일	木요일	金요일	土요일
			1	2	3	4
5	6	7	8	9	10	11
12	13	14	15	16	17	18
19	20	21	22	23	24	25
26	27	28	29	30		

4월

2 3개의 조건 에 모두 맞는 모양을 찾아 ◯표 하세요.

조건 1

초록색

조건 2

▲

삼각형

조건 3

山

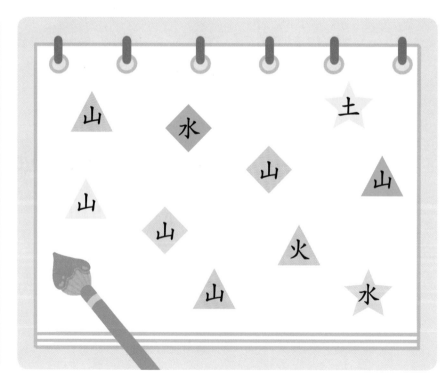

정답 16쪽

창의 융합

3 다음 규칙 을 보고, 한자어의 뜻을 행동으로 바르게 나타낸 것을 선으로 이어 보세요.

규칙

山　　　木　　　火　　　水

산과 물. 경치. •

불을 때는 데 쓸 나무. •

창의 융합

4 다음 글을 읽고, 빈칸에 들어갈 알맞은 한자를 쓰세요.

　우리 아버지는 참 신기합니다. 월요일에는 빨간색 넥타이, 화요일에는 주황색 넥타이, 수요일에는 노란색 넥타이, 목요일에는 초록색 넥타이, 금요일에는 파란색 넥타이를 매시고 출근합니다. 아버지가 초록색 넥타이를 매고 출근하셨으니 오늘은 □요일입니다.

답

5 다음은 소정이네 마을을 나타낸 그림이에요. 그림 속에 숨어 있는 한자를 찾아보고 그림과 일치하지 <u>않는</u> 한자에 모두 ○표 하세요.

6 규칙을 정해 크리스마스 장식을 만들었어요. 장식의 일정한 규칙을 살펴보고 빈칸에 들어갈 한자를 쓰세요.

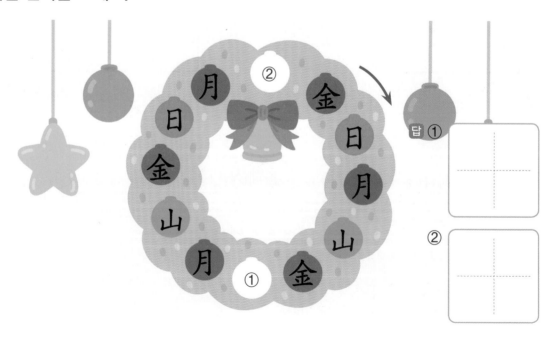

▶정답 16쪽

7 다음 글을 읽고, ①과 ②에 들어갈 알맞은 한자를 각각 쓰세요.

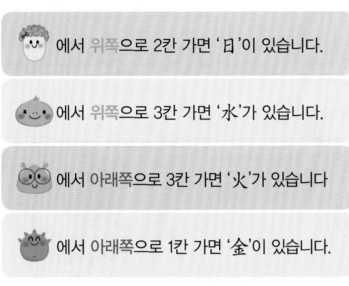

에서 위쪽으로 2칸 가면 '日'이 있습니다.

에서 위쪽으로 3칸 가면 '水'가 있습니다.

에서 아래쪽으로 3칸 가면 '火'가 있습니다

에서 아래쪽으로 1칸 가면 '金'이 있습니다.

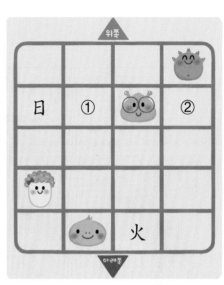

답 ① ②

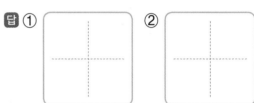

8 나무를 심는 순서에 맞게 한자의 음(소리)을 적어 보세요.

마무리하기

구덩이 파기

시작 → 끝

나무 넣기

물 주기

→ (– – –)

사람 한자

❶ 人 사람 인
❷ 生 날 생
❸ 父 아버지 부
❹ 母 어머니 모
❺ 兄 형 형
❻ 弟 아우 제
❼ 寸 마디 촌
❽ 女 여자 녀

2주 4일 급수 한자 **돌파 전략 ❶**

점선 위로 겹쳐서 한자를 써 보세요.

연한 글씨 위로 겹쳐서 한자를 따라 써 보세요.

한자 1 부수 人 | 총 2획

人
사람 인

사람을 옆에서 본 모습에서 ⬜(이)라는 뜻이 생겼어요.

답 사람

쓰는 순서 ノ 人

人	人				
사람 인	사람 인				

모양이 비슷한 한자 八(여덟 팔)

한자 2 부수 生 | 총 5획

生
날 생

땅 위에 새싹이 돋아나 자라는 모습에서 ⬜ 또는 '살다'라는 뜻이 생겼어요.

답 나다

쓰는 순서 ノ 𠂉 𠂉 牛 生

生	生				
날 생	날 생				

▶정답 17쪽

1 다음 뜻에 해당하는 한자를 찾아 바르게 연결하세요.

사람

小   金   人

2 그림 속 한자를 따라 써 보고, 한자의 뜻과 음(소리)으로 알맞은 것에 ○표 하세요.

흙 토   날 생

生

급수 한자 **돌파 전략 ❶**

점선 위로 겹쳐서 한자를 써 보세요.

연한 글씨 위로 겹쳐서 한자를 따라 써 보세요.

한자 **3** 부수 父 | 총 4획

父
아버지 부

손에 막대기를 든 모습에서 [ ]을/를 뜻하게 되었어요.

답 아버지

쓰는 순서 ` ´ 丶 丶 父

아버지 부	아버지 부					

▶뜻이 반대인 한자 母(어머니 모)

한자 **4** 부수 母 | 총 5획

母
어머니 모

아이에게 젖을 먹이는 여자를 본뜬 한자로 [ ]을/를 뜻해요.

답 어머니

쓰는 순서 乚 乚 乃 母 母 母

어머니 모	어머니 모					

▶뜻이 반대인 한자 父(아버지 부)

3 다음 한자의 음(소리)이 바르게 쓰인 풍선을 찾아 색칠하세요.

4 '어머니'를 뜻하는 한자가 쓰인 선물 상자를 찾아 ○표 하세요.

1 다음 한자의 뜻과 음(소리)으로 알맞은 것을 찾아 ○표 하세요.

| 사람 인 | 큰 대 | 아버지 부 | 여덟 팔 |

2 그림 속 한자의 뜻으로 알맞은 것에 ∨표 하세요.

☐ 아버지　　　　☐ 어머니

3 다음 밑줄 친 한자의 음(소리)을 쓰세요.

친구들과 함께 <u>生</u>일 파티를 했습니다.

➡ (　　　　　　)

▶정답 17쪽

4 다음 한자 카드의 ☐ 안에 들어갈 한자나 한자의 뜻과 음(소리)을 쓰세요.

5 다음 한자의 뜻과 음(소리)으로 알맞은 것을 찾아 선으로 이으세요.

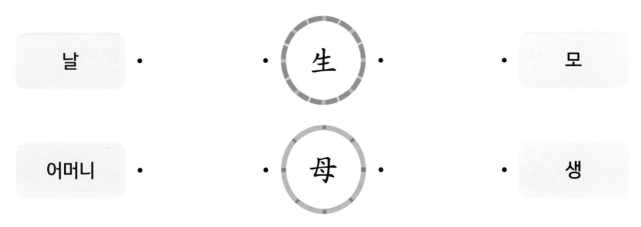

| 날 | | 生 | | 모 |
| 어머니 | | 母 | | 생 |

6 다음 문장의 내용이 맞으면 '예', 틀리면 '아니요'에 ○표 하세요.

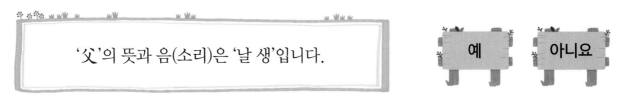

'父'의 뜻과 음(소리)은 '날 생'입니다.

예　　아니요

점선 위로 겹쳐서 한자를 써 보세요.

연한 글씨 위로 겹쳐서 한자를 따라 써 보세요.

한자 1 부수 儿 | 총 5획

兄
형 형

입을 벌리고 동생을 달래는 사람이 형이라는 데서 ☐☐(이)라는 뜻이 생겼어요.

답 형

쓰는 순서 ㇒ ㅣ ㅁ ㅁ ㅁ 兄

兄	兄				
형 형	형 형				

뜻이 반대인 한자 弟(아우 제)

한자 2 부수 弓 | 총 7획

弟
아우 제

나무에 줄이 감긴 모습이 형제간의 차례를 의미하게 되면서 ☐☐을/를 나타내요.

답 아우

쓰는 순서 ㇔ ㇔ ㅛ ㅛ ㅛ 弟 弟

弟	弟				
아우 제	아우 제				

뜻이 반대인 한자 兄(형 형)

1 그림을 보고, ☐ 안에 들어갈 알맞은 한자를 쓰세요.

우리 삼형제는 늑대가 올 것을 대비해 집을 짓고 있어요. 나는 집을 지으려면 아직 멀었는데, 형들은 벌써 집을 다 지었나 봐요.

'형'을 뜻하는 한자는 ☐ 이에요.

답

2 '아우'를 뜻하는 한자와 음(소리)을 따라가며 동생을 데리고 안전하게 집으로 돌아가 세요.

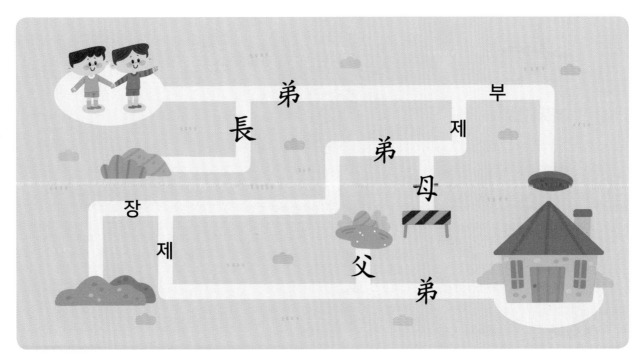

弟 부
長 제
장 弟 母
제 父
  弟

점선 위로 겹쳐서 한자를 써 보세요.

연한 글씨 위로 겹쳐서 한자를 따라 써 보세요.

한자 3 부수 寸 | 총 3획

寸
마디 촌

손목에서 맥박이 뛰는 곳까지가 손가락 한 마디라는 데서 ☐ (이)라는 뜻이 생겼어요.

답 마디

쓰는 순서 一 十 寸

寸	寸				
마디 촌	마디 촌				

모양이 비슷한 한자 七(일곱 칠)

한자 4 부수 女 | 총 3획

女
여자 녀

단아한 여성의 모습을 그린 것으로, '딸' 또는 ☐ 을/를 뜻해요.

답 여자

쓰는 순서 く 女 女

女	女				
여자 녀	여자 녀				

3 다음 한자 '寸'의 뜻이 바르게 쓰인 팻말을 찾아 색칠하세요.

4 한자의 뜻과 음(소리)을 바르게 말한 친구를 찾아 ○표 하세요.

1 다음 한자의 뜻과 음(소리)이 바른 것에 ∨표 하세요.

兄

□ 나무 목

弟

□ 아우 제

2 다음 한자의 뜻과 음(소리)을 쓰세요.

寸 　[　　]을/를 뜻하고, [　](이)라고 읽습니다.

弟 　[　　]을/를 뜻하고, [　](이)라고 읽습니다.

3 다음 밑줄 친 한자의 음(소리)으로 알맞은 것에 ○표 하세요.

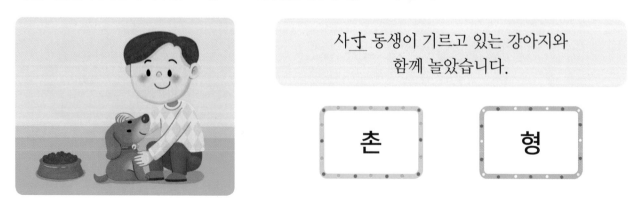

사寸 동생이 기르고 있는 강아지와 함께 놀았습니다.

촌 　　　 형

4 다음 뜻에 해당하는 한자를 찾아 ∨표 하세요.

여자 □ 兄 □ 女 □ 五

5 다음 문장의 내용이 맞으면 '예', 틀리면 '아니요'에 ○표 하세요.

'兄'의 뜻과 음(소리)은 '아홉 구'입니다. 예 / 아니요

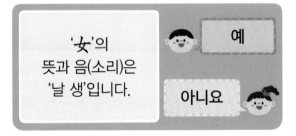

'女'의 뜻과 음(소리)은 '날 생'입니다. 예 / 아니요

6 다음 밑줄 친 낱말에 해당하는 한자를 쓰세요.

형과 함께 자전거를 탔습니다.

답

대표 한자어 | 01 |

인생

人	生
사람 인	날 생

뜻 사람이 세상을 살아가는 일.

人生(인생)을
어떻게 살아가야 할지
계획을 세워 보자!

대표 한자어 | 02 |

만인

萬	人
일만 만	사람 인

뜻 아주 많은 사람. 또는 모든 사람.

대인

大	人
큰 대	사람 인

뜻 자라서 어른이 된 사람. 성인.

이 공연은
萬人(만인)이
좋아할 것 같아.

공연 입장료는
大人(대인)이 8,000원,
소인은 5,000원이야.

대표 한자어 03

생수

生	水
날 생	물 수

뜻 샘에서 솟아 나오는 맑은 물.

生水(생수)를 마시니
기분이 상쾌해!

대표 한자어 04

생일

生	日
날 생	날 일

뜻 태어난 날.

일생

一	生
한 일	날 생

뜻 한평생. 세상에 태어나서 죽을 때까지의 동안.

오늘은 내
生日(생일)이야. 친구들과
파티도 하고, 생일 선물도
많이 받았어.

좋았겠다!
一生(일생)에 잊을 수
없는 기억 중 하나가
되었겠네.

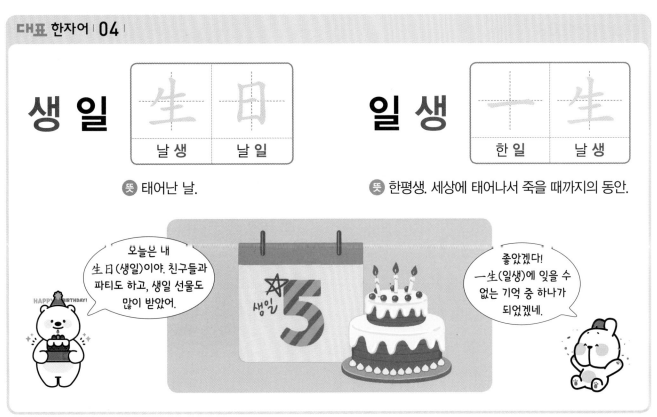

대표 한자어 | 05 |

부 모

父	母
아버지 부	어머니 모

🖋 아버지와 어머니.

모 녀

母	女
어머니 모	여자 녀

🖋 어머니와 딸.

父母(부모)님과 함께 찍은 사진이네!

사진으로 보니까 母女(모녀)가 정말 닮았어.

대표 한자어 | 06 |

형 제

兄	弟
형 형	아우 제

🖋 형과 아우.

兄弟(형제)끼리 사이가 좋아 보여.

항상 널 응원해!

삼 촌

석 삼	마디 촌

뜻 아버지의 남자 형제.

어제는 三寸(삼촌)이 우리집에 놀러 오셨어.

사 촌

넉 사	마디 촌

뜻 아버지 형제자매의 아들딸.

나도 어제 四寸(사촌) 동생을 만났어.

여 인

여자 녀	사람 인

뜻 어른이 된 여자.

참고 '女'가 낱말의 맨 앞에 올 때는 '여'라고 읽어요.

저쪽에 계시는 아름다운 女人(여인)은 학교 선생님이셔.

2주 03일 급수 한자어 대표 전략 ②

1 '生水(생수)'의 뜻을 바르게 설명한 것에 ○표 하세요.

> 아버지 형제자매의 아들 딸.

> 샘에서 솟아 나오는 맑은 물.

> **Tip**
>
> '水'는 '물'을 뜻하며 ⬚⬚⬚(이)라고 읽습니다.
>
> 답 수

3 ⬚에 알맞은 글자를 넣어 낱말을 만드세요.

> 어머니와 딸.

⬇

◯ 녀

> **Tip**
>
> '母'는 ⬚⬚⬚을/를 뜻하는 한자입니다.
>
> 답 어머니

2 다음 뜻에 해당하는 낱말을 찾아 선으로 이으세요.

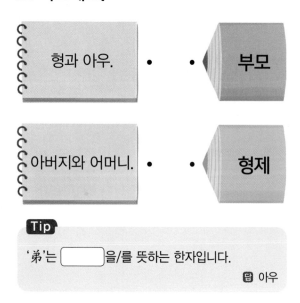

형과 아우. •

아버지와 어머니. •

• 부모

• 형제

> **Tip**
>
> '弟'는 ⬚⬚⬚을/를 뜻하는 한자입니다.
>
> 답 아우

4 다음 문장의 내용이 맞으면 '예', 틀리면 '아니요'에 ○표 하세요.

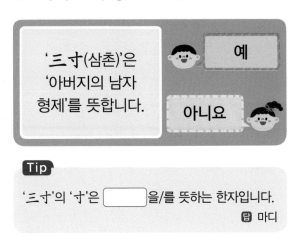

'三寸(삼촌)'은 '아버지의 남자 형제'를 뜻합니다.

예

아니요

Tip

'三寸'의 '寸'은 [ ]을/를 뜻하는 한자입니다.

답 마디

5 다음 ◌에 공통으로 들어갈 말을 한자로 바르게 나타낸 것에 ∨표 하세요.

- 인◌: 사람이 세상을 살아가는 일.
- ◌일: 태어난 날.

☐ 兄   ☐ 生

Tip

'生'은 [ ](이)라고 읽습니다.

답 생

6 다음 낱말 퍼즐을 푸세요.

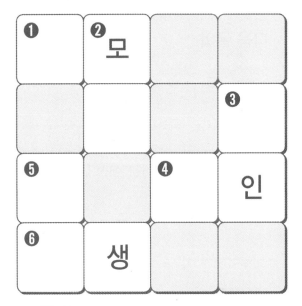

가로 열쇠

❶ 아버지와 어머니.
❹ 아주 많은 사람. 또는 모든 사람.
❻ 사람이 세상을 살아가는 일.

세로 열쇠

❷ 어머니와 딸.
❸ 어른이 된 여자.
❺ 자라서 어른이 된 사람. 성인.

Tip

'人生'의 '人'은 '사람'을 뜻하고, [ ](이)라고 읽습니다.

답 인

전략 1 한자의 음(소리) 쓰기

다음 글의 (   ) 안에 있는 漢字한자의 讀音(독음: 읽는 소리)을 쓰세요.

> 보기
>
> (月) ➡ 월

• 이 물건은 주(人)이 없는 것 같습니다. ➡ (   )

답 인

필수 예제 | 01 |

다음 글의 (   ) 안에 있는 漢字한자의 讀音(독음: 읽는 소리)을 쓰세요.

> 보기
>
> (日) ➡ 일

(1) 외국에서 살고 계신 삼(寸)은 ➡ (   )

(2) 아픈 환자를 치료하는 데에 일(生)을 바쳤습니다. ➡ (   )

> 한자의 뜻과 음(소리)은
> 반드시 함께 알아 두어야
> 합니다.

전략 2 한자의 뜻이나 음(소리)에 알맞은 한자 찾기

다음 訓(훈: 뜻)이나 音(음: 소리)에 알맞은 漢字한자를 보기에서 찾아 그 번호를 쓰세요.

> 보기
>
> ① 人　　　② 年　　　③ 弟　　　④ 長

• 제 ➡ (　　　　　)

답 ③

필수 예제 02

다음 訓(훈: 뜻)이나 音(음: 소리)에 알맞은 漢字한자를 보기에서 찾아 그 번호를 쓰세요.

> 보기
>
> ① 兄　　　② 女　　　③ 母　　　④ 七

(1) 모 ➡ (　　　　　)

(2) 형 ➡ (　　　　　)

'한구어문회'에서
제시한 대표 뜻과 음(소리)을
꼭 알아 두어야 합니다.

전략 3   한자의 뜻과 음(소리) 쓰기

다음 漢字한자의 訓(훈: 뜻)과 音(음: 소리)을 쓰세요.

보기

火 ➜ 불 화

• 母 ➜ (   )

답 어머니 모

필수 예제 03

다음 漢字한자의 訓(훈: 뜻)과 音(음: 소리)을 쓰세요.

보기

木 ➜ 나무 목

(1) 人 ➜ (   )

(2) 生 ➜ (   )

'한국어문회'에서 제시한
대표 뜻과 음(소리)을
꼭 알아 두어야 합니다.

전략 **4** 한자의 뜻 찾기

다음 漢字_{한자}의 訓(훈: 뜻)을 **보기** 에서 찾아 그 번호를 쓰세요.

보기
① 형   ② 어머니   ③ 아버지   ④ 아우

• 父 ➡ (   )

답 ③

필수 예제 | 04 |

다음 漢字_{한자}의 訓(훈: 뜻)을 **보기** 에서 찾아 그 번호를 쓰세요.

보기
① 사람   ② 일곱   ③ 마디   ④ 여자

(1) 女 ➡ (   )

(2) 人 ➡ (   )

한자의 뜻과 음(소리)을
정확하게 구분하여 알아 두어야 합니다.
예 一 한 일
　　뜻 음(소리)

[한자의 음(소리) 쓰기]

1 다음 글의 (   ) 안에 있는 漢字^{한자}의 讀音^(독음: 읽는 소리)을 쓰세요.

우리 (兄)은 교복을 입고
등교합니다.

➜ (   )

> **Tip**
> '兄'은 '형'을 뜻하는 한자입니다.

[한자의 뜻이나 음(소리)에 알맞은 한자 찾기]

2 다음 訓^(훈: 뜻)이나 音^(음: 소리)에 알맞은 漢字^{한자}를 **보기**에서 찾아 그 번호를 쓰세요.

> **보기**
> ① 寸   ② 母   ③ 金   ④ 兄

• 마디 ➜ (   )

> **Tip**
> '寸'은 '촌'이라고 읽습니다.

[한자의 뜻이나 음(소리)에 알맞은 한자 찾기]

3 다음 訓^(훈: 뜻)이나 音^(음: 소리)에 알맞은 漢字^{한자}를 **보기**에서 찾아 그 번호를 쓰세요.

> **보기**
> ① 山   ② 生   ③ 四   ④ 弟

• 생 ➜ (   )

> **Tip**
> '生'은 '나다'를 뜻하는 한자입니다.

[한자의 뜻과 음(소리) 쓰기]

4 다음 漢字한자의 訓(훈: 뜻)과 音(음: 소리)을 쓰세요.

Tip
'父'는 '아버지'를 뜻하는 한자입니다.

> 보기
>
> 日 ➡ 날 일

• 父 ➡ (   )

[한자의 뜻 찾기]

5 다음 漢字한자의 訓(훈: 뜻)을 보기 에서 찾아 그 번호를 쓰세요.

Tip
'母'는 '모'라고 읽습니다.

> 보기
>
> ① 가운데   ② 어머니   ③ 형   ④ 나무

• 母 ➡ (   )

[한자의 뜻 찾기]

6 다음 漢字한자의 訓(훈: 뜻)을 보기 에서 찾아 그 번호를 쓰세요.

Tip
'弟'는 '제'라고 읽습니다.

> 보기
>
> ① 사람   ② 아홉   ③ 아우   ④ 아버지

• 弟 ➡ (   )

누구나 **만점 전략**

01 다음 ☐ 안에 들어갈 한자에 ○표 하세요.

그는 치료제 개발에 일 ☐ 을

바쳤습니다.

(生 / 兄)

03 다음 ☐ 안에 들어갈 한자를 (보기) 에서 찾아 그 번호를 쓰세요.

(보기)
① 女   ② 父   ③ 生

• ☐ 모: 아버지와 어머니.

➡ (   )

02 (보기) 와 같이 다음 한자의 뜻과 음(소리) 을 쓰세요.

(보기)
日 ➡ 날 **일**

• 寸 ➡ (   )

04 다음 뜻과 음(소리)에 해당하는 한자 를 (보기) 에서 찾아 그 번호를 쓰세요.

(보기)
① 人   ② 母   ③ 生

• 날 생 ➡ (   )

05 다음 설명 에 해당하는 한자어를 ☐ 안을 채워 완성하세요.

설명
형과 아우.

답

07 다음 밑줄 친 낱말에 해당하는 한자어를 보기 에서 찾아 그 번호를 쓰세요.

보기
① 人生 ② 大人 ③ 母女

• 동물원 입장료는 <u>대인</u>과 소인을 구분하여 받고 있습니다.

→ (   )

06 다음 뜻에 해당하는 한자어를 보기 에서 찾아 그 번호를 쓰세요.

보기
① 萬人 ② 三寸 ③ 生水

• 아주 많은 사람. 또는 모든 사람.

→ (   )

08 다음 한자의 뜻을 보기 에서 찾아 그 번호를 쓰세요.

보기
① 형   ② 아버지   ③ 여자

• 女 → (   )

주 창의·융합·코딩 전략 ①

창의 융합

1 위 대화를 읽고, 한자어 '萬人'의 뜻을 쓰세요.

→ ( )

▶정답 20쪽

2 위 대화를 읽고, 父母님께서 다운이에게 주신 용돈이 모두 얼마인지 계산하여 숫자로 쓰세요.

➡ (   )원

창의 융합

1 다음 글을 읽고, 밑줄 친 한자어의 음(소리)을 쓰세요. 그리고 서영이네가 지불해야 할 동물원 입장료는 모두 합하여 얼마인지 알맞은 금액에 ∨표 하세요.

> 서영이는 오늘 아버지, 어머니, <u>三寸</u>, 동생과 함께 동물원에 놀러 갔습니다. 티켓 입장료가 **大人**은 300원, 소인은 200원으로 표시되어 있었습니다. 서영이와 동생을 제외하고는 모두 어른이라 소인 입장권은 두 장만 사면 될 것 같습니다.

• 三寸 ➜ (   )   • 大人 ➜ (   )

☐ 1,000원   ☐ 1,300원   ☐ 1,500원

창의 융합

2 다음 그림에서 아버지와 사촌을 찾아 모두 ○표 하세요.

> 할아버지와 할머니는 의자에 앉아 계십니다. **父母**님은 함께 서 있고, 어머니는 초록색 스웨터를 입고 있습니다. **三寸**은 아버지 옆에 서 계시고, 붉은색 옷을 입고 있습니다. 우리 **兄**은 안경을 쓰고 있고, **四寸** 동생인 시율이는 가방을 메고 있습니다.

코딩

3 다음 한자 카드를 숫자가 작은 순서대로 다시 나열한 후, 순서에 따라 한자의 음(소리)을 적어 보세요.

→ (-   -   -   )

코딩

4 **예시** 와 같이 화살표를 따라갔을 때 만나는 한자를 차례대로 조합하여 어떤 한자어가 완성되는지 알아보고, 그 한자어와 음(소리)을 쓰세요.

창의 융합

5 다음 예시 와 같이 똑같은 색으로 칠하려고 해요. 그림을 참고하여 위치에 맞는 색을 고른 후, 그 한자의 뜻과 음(소리)으로 알맞은 것을 찾아 선으로 이으세요.

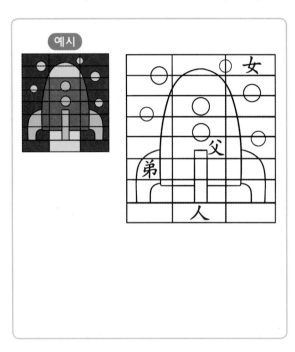

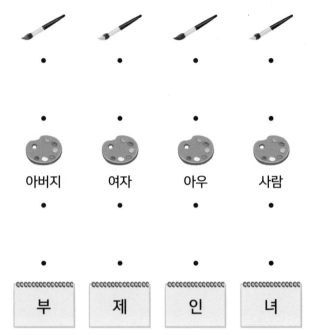

아버지　여자　아우　사람

부　제　인　녀

창의 융합

6 다음 그림과 글을 보고, 빈칸에 들어갈 알맞은 한자어를 쓰세요.

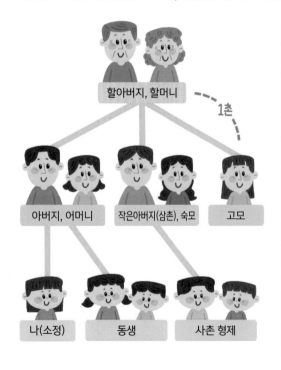

　'촌수'는 친척과 가깝고 먼 정도를 숫자로 나타낸 것을 말합니다. 그림을 보면 가족들 사이에 그려진 선 한 마디가 '一寸(1촌)'을 의미합니다.
　소정이랑 작은아버지와의 촌수를 계산해 볼까요? 소정이와 할아버지, 할머니의 촌수인 '2촌'에, 할아버지, 할머니와 작은아버지의 촌수인 '1촌'을 더해서 '三寸(3촌)'입니다.
　그렇다면 '소정이'와 '작은아버지의 자녀'와의 촌수는 어떻게 될까요?

정답은 ''입니다.

▶정답 21쪽

7 친구들과 함께 끝말잇기를 하고 있어요. 그림을 보고 다음 빈칸에 들어갈 한자어를 쓰세요.

코딩

8 친구들에게 내가 키우는 토끼를 소개해 주려고 해요. 다음 한자어의 음(소리)으로 알맞은 모습을 한 토끼를 찾고, 오른쪽 그림에서 ○표 하세요.

生日 　 萬人

토끼 귀	토끼 얼굴
생수	대인
인생	만인
생일	형제

😊 **만화를 보고, 지금까지 배운 한자를 기억해 보세요.**

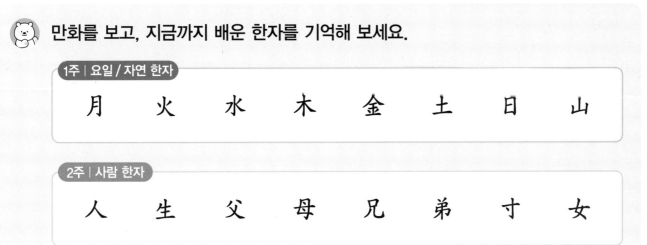

1주 | 요일 / 자연 한자

月　火　水　木　金　土　日　山

2주 | 사람 한자

人　生　父　母　兄　弟　寸　女

요일 한자

1 예은이는 해야 할 일들을 달력에 꼼꼼히 적어 두고 있어요. 예은이의 달력을 보고, 물음에 답하세요.

❶ 다음 한자의 알맞은 음(소리)을 쓰세요.

• 火 ➡ (   ) • 水 ➡ (   ) • 土 ➡ (   )

❷ 다음 대화를 읽고, 빈칸에 들어갈 알맞은 말을 한자로 쓰세요.

예은아, 물어볼 게 있어.

우리 한자 시험을 보는 날이 언제였지?

한자 시험은 다음 주 [ ] 요일이야.

답 [   ] 요일

Tip
月: 달 **❶**[   ], 木: 나무 **❷**[   ], 金: 쇠 **❸**[   ]

답 **❶** 월 **❷** 목 **❸** 금

▶정답 22쪽

자연 한자

2 과학관에 갔더니 태양계의 행성 순서를 한눈에 보여 준 그림이 전시되어 있었어요. 다음 그림을 보고, 물음에 답하세요.

❶ 가족들의 대화를 읽고, 빈칸에 들어갈 알맞은 말을 한글로 쓰세요.

- 아버지: 태양에서 가장 가까운 행성은 [ ]성이구나.

- 동생: 정말 신기해요! 큰 고리를 가지고 있는 행성은 [ ]성이라고 한대요.

❷ 어머니가 가 보고 싶어 하는 행성의 이름 첫 글자를 한자로 쓰세요.

엄마는 지구와 목성 사이에 있는 행성에 한번 가 보고 싶구나. 이름에 '불'이라는 뜻을 지닌 한자가 들어가서 붉은빛을 띠는 것 같기도 하네.

답 [ ] 성

Tip

'木'의 뜻은 ❶[ ](이)고, 음은 ❷[ ]입니다.

답 ❶나무 ❷목

자연 한자

3 다음 글과 그림을 보고, 물음에 답하세요.

진호야, 아이스박스 안에 있는 生水병 좀 꺼내서 가져다줄래?

계곡물이 흐르고 ㉠ 나무가 많이 있는 캠핑장에 놀러 왔어요. 계곡에서 수영도 하고, ㉡ 불을 때서 맛있는 고기도 구워 먹었어요. 이렇게 가족과 함께 시간을 보내니 너무나 즐거워요.

❶ ㉠, ㉡을 한자로 바르게 나타낸 것을 보기에서 찾아 그 번호를 쓰세요.

보기

① 火   ② 金   ③ 土   ④ 木

• ㉠ 나무 ➡ (   )   • ㉡ 불 ➡ (   )

❷ 진호가 어머니에게 가져다줄 물건에 ○표 하세요.

Tip
'水'의 뜻은 ❶ [   ](이)고, 음은 ❷ [   ]입니다.

답 ❶ 물 ❷ 수

사람 한자

4 가족들의 물건이 방 곳곳에 어질러져 있어서 정리 정돈을 하려고 해요. 다음 그림을 보고, 물음에 답하세요.

❶ 다음 한자어의 알맞은 음(소리)을 쓰세요.

• 三寸 ➡ (   )   • 生日 ➡ (   )

❷ 다음 한자의 음(소리)을 보기 에서 찾아 그 번호를 쓰세요.

> **보기**
>
> ① 모   ② 형   ③ 부   ④ 제

• 父 ➡ (   )   • 母 ➡ (   )

❸ 위의 그림에서 형의 물건을 찾아 ○표 하세요.

Tip
父: 아버지 ❶ [   ], 母: 어머니 ❷ [   ]

답 ❶ 부 ❷ 모

[문제 01~02] 다음 글의 (   ) 안에 있는 漢字한자의 讀音(독음: 읽는 소리)을 쓰세요.

> 보기
>
> (大) ➡ 대

> 식목01(日)에 02(山)에 올라가
> 나무를 심었습니다.

01 日 ➡ (   )

02 山 ➡ (   )

[문제 03~04] 다음 訓(훈: 뜻)이나 音(음: 소리)에 알맞은 漢字한자를 보기 에서 찾아 그 번호를 쓰세요.

> 보기
>
> ① 火   ② 金

03

□

불

04

□

금

[문제 05~08] 다음 밑줄 친 말에 해당하는 漢字한자를 보기 에서 찾아 그 번호를 쓰세요.

보기
① 月　② 水　③ 火　④ 土

05 달은 지구 주위를 돌고 있습니다.

➜ (　　　　)

06 시냇물 속에 물고기가 떼를 지어 헤엄치고 다닙니다.

➜ (　　　　)

07 불이 나면 주변에 화재 사실을 알리고, 대피 후에 119로 신고해야 합니다.

➜ (　　　　)

08 흙 속에 묻혀 있었던 문화재가 발견되었습니다.

➜ (　　　　)

[문제 09~10] 다음 漢字한자의 訓(훈: 뜻)과 音(음: 소리)을 쓰세요.

보기
> 十 ➔ 열 **십**

09 日 ➔ (   )

10 山 ➔ (   )

[문제 11~12] 다음 漢字한자의 訓(훈: 뜻)을 보기 에서 찾아 그 번호를 쓰세요.

보기
① 달

② 물

11 水 ➔ (   )

12 月 ➔ (   )

▶정답 22쪽

[문제 13~14] 다음 漢字한자의 音(음: 소리)을 보기 에서 찾아 그 번호를 쓰세요.

보기
① 일　　② 목

13 日 → (　　　　　)

14 木 → (　　　　　)

[문제 15~16] 다음 漢字한자의 진하게 표시된 획은 몇 번째 쓰는지 보기 에서 찾아 그 번호를 쓰세요.

보기
① 첫 번째　② 두 번째
③ 세 번째　④ 네 번째

15

水

(　　　　　)

16

月

(　　　　　)

[문제 01~02] 다음 글의 (　　) 안에 있는 漢字한자의 讀音(독음: 읽는 소리)을 쓰세요.

(山) ➜ 산

삼01(寸)께서 어릴 때 타고 다니던 자전거를 02(兄)에게 물려 주셨습니다.

01 寸 ➜ (　　　　　)

02 兄 ➜ (　　　　　)

[문제 03~04] 다음 訓(훈: 뜻)이나 音(음: 소리)에 알맞은 漢字한자를 보기 에서 찾아 그 번호를 쓰세요.

보기
① 女　　② 寸

03

□
녀

04

□
마디

[문제 05~08] 다음 밑줄 친 말에 해당하는 漢字한자를 보기 에서 찾아 그 번호를 쓰세요.

보기
① 弟   ② 人   ③ 父   ④ 母

05 착한 성품을 지닌 <u>사람</u>입니다.

　　　　➔ (　　　　　)

06 형으로서 <u>아우</u>를 보살폈습니다.

　　　　➔ (　　　　　)

07 아들의 얼굴이 <u>아버지</u>와 판박이입니다.

　　　　➔ (　　　　　)

08 <u>어머니</u>의 어깨를 주물러 드렸습니다.

　　　　➔ (　　　　　)

[문제 09~10] 다음 漢字한자의 訓(훈: 뜻)과 音 (음: 소리)을 쓰세요.

> 보기
>
> 日 → 날 일

09 生 → (   )

10 弟 → (   )

[문제 11~12] 다음 漢字한자의 訓(훈: 뜻)을 보기 에서 찾아 그 번호를 쓰세요.

> 보기
>
> ① 형
>
>
>
> ② 나다
>
>

11 兄 → (   )

12 生 → (   )

[문제 13~14] 다음 漢字한자의 音(음: 소리)을 보기 에서 찾아 그 번호를 쓰세요.

보기

① 부　　② 촌

13 父 → (　　　　　)

14 寸 → (　　　　　)

[문제 15~16] 다음 漢字한자의 진하게 표시된 획은 몇 번째 쓰는지 보기 에서 찾아 그 번호를 쓰세요.

보기

① 두 번째　② 세 번째
③ 네 번째　④ 다섯 번째

15

兄

(　　　　　)

16

母

(　　　　　)

교과 학습 한자어 | 01 |

냉 수

冷	水
찰 랭	물 수

'冷水(냉수)를 먹고 이를 쑤신다.'라는 속담은 다른 사람에게 허세를 부리는 모습을 나타낸 속담입니다.

뜻 차가운 물.

참고 '冷'이 낱말의 맨 앞에 올 때는 '냉'으로 읽어요.

심화 한자 **1** 부수 氷(冫) | 총 7획

冷

찰 랭

'차다', '쌀쌀하다'라는 뜻을 가진 한자예요. '冫(얼음 빙)'과 '令(하여금 령)'이 합쳐진 한자로 '춥고 차가운 상태'를 뜻해요.

쓰는 순서 　丶　冫　冫　冫　冷　冷　冷

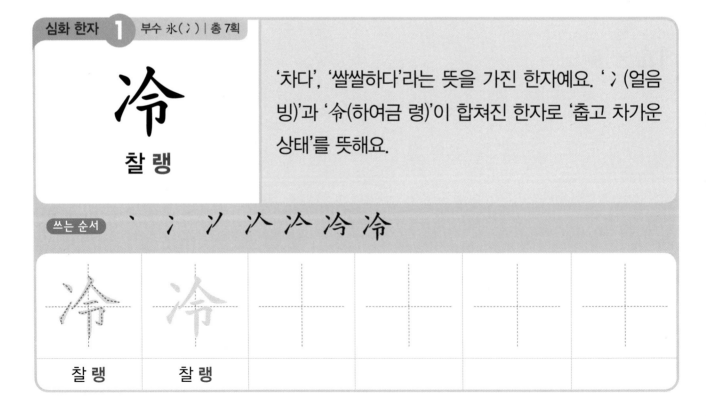

冷	冷				
찰 랭	찰 랭				

빙 산

氷	山
얼음 빙	메 산

남극과 북극에서는
바다에 떠 있는
氷山(빙산)을
볼 수 있습니다.

뜻 빙하에서 떨어져 나와 호수나 바다에
흘러 다니는 얼음덩어리 가운데
높이가 최고 5m 이상인 것.

심화 한자 2 부수 水 | 총 5획

氷
얼음 빙

'얼음'이나 '서늘하다'라는 뜻을 가진 한자예요. 얼음
빙이 부수로 쓰일 땐 'ㆍ' 모양이고, 혼자서 '얼음'을
뜻할 때는 '氷' 모양으로 쓰여요.

쓰는 순서   丨 丬 氺 氺 氷

氷	氷				
얼음 빙	얼음 빙				

교과 학습 한자어 | 03 |

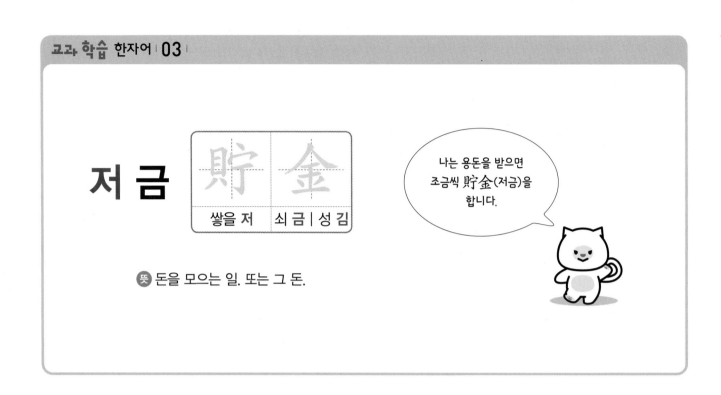

저 금

貯	金
쌓을 저	쇠 금	성 김

뜻 돈을 모으는 일. 또는 그 돈.

나는 용돈을 받으면 조금씩 貯金(저금)을 합니다.

심화 한자 **3** 부수 貝 | 총 12획

貯
쌓을 저

'쌓다'나 '저축하다'를 뜻하는 한자예요. 금고를 가리키는 '宁(뜰 저)'에 '貝(조개 패)'를 덧붙여 '화폐를 모으다'라는 뜻으로 쓰이게 되었어요.

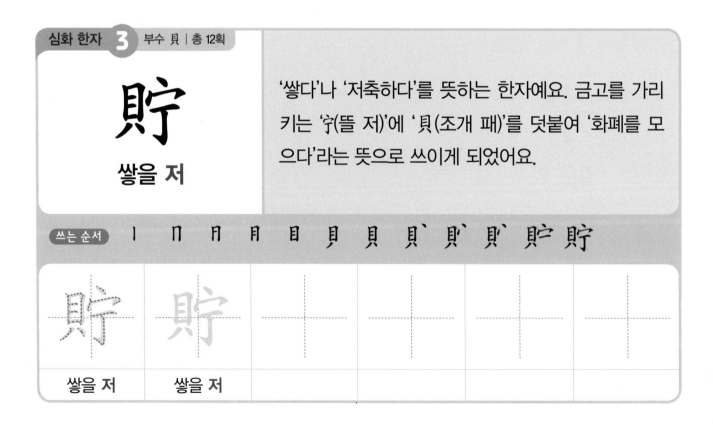

쓰는 순서 丨 冂 冂 月 目 貝 貝 貯 貯 貯 貯 貯

貯	貯				
쌓을 저	쌓을 저				

1 '冷水'의 뜻으로 알맞은 것을 찾아 ○표 하세요.

차가운 물.

뜨거운 물.

2 다음 뜻에 해당하는 한자어를 찾아 ○표 하세요.

빙하에서 떨어져
나와 호수나 바다에
흘러 다니는
얼음덩어리.

氷山

氷水

3 다음 뜻에 해당하는 한자어를 찾아 선으로 이으세요.

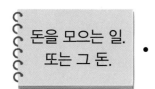

돈을 모으는 일.
또는 그 돈.

貯金

貯水

메모

메모

연산이 즐거워지는 공부습관

똑똑한 하루

빅터연산

기초부터 튼튼하게

수학의 기초는 연산!
빅터가 쉽고 재미있게 알려주는 연산 원리와
집중 연산을 통해 연산 해결 능력 강화

게임보다 재미있다

지루하고 힘든 연산은 NO!
수수께끼, 연상퀴즈, 실생활 문제로
쉽고 재미있는 연산 YES!

더! 풍부한 학습량

수·연산 문제를 충분히 담은 풍부한 학습량
교재 표지의 QR을 통해 모바일 학습 제공
교과와 연계되어 학기용 교재로도 OK

초등 연산의 빅데이터!
기초 탄탄 연산서
예비초~초2(각 A~D)
초3~6(각 A~B)

뭘 좋아할지 몰라 다 준비했어♥
전과목 교재

전과목 시리즈 교재

●무등생 해법시리즈
- 국어/수학   1~6학년, 학기용
- 사회/과학   3~6학년, 학기용
- 봄·여름/가을·겨울   1~2학년, 학기용
- SET(전과목/국수, 국사과)   1~6학년, 학기용

●똑똑한 하루 시리즈
- 똑똑한 하루 독해   예비초~6학년, 총 14권
- 똑똑한 하루 글쓰기   예비초~6학년, 총 14권
- 똑똑한 하루 어휘   예비초~6학년, 총 14권
- 똑똑한 하루 한자   예비초~6학년, 총 14권
- 똑똑한 하루 수학   1~6학년, 학기용
- 똑똑한 하루 계산   예비초~6학년, 총 14권
- 똑똑한 하루 도형   예비초~6학년, 총 8권
- 똑똑한 하루 사고력   1~6학년, 학기용
- 똑똑한 하루 사회/과학   3~6학년, 학기용
- 똑똑한 하루 봄/여름/가을/겨울   1~2학년, 총 8권
- 똑똑한 하루 안전   1~2학년, 총 2권
- 똑똑한 하루 Voca   3~6학년, 학기용
- 똑똑한 하루 Reading   초3~초6, 학기용
- 똑똑한 하루 Grammar   초3~초6, 학기용
- 똑똑한 하루 Phonics   예비초~초등, 총 8권

●독해가 힘미다 시리즈
- 초등 문해력 독해가 힘이다 비문학편   3~6학년
- 초등 수학도 독해가 힘이다   1~6학년, 학기용
- 초등 문해력 독해가 힘이다 문장제수학편   1~6학년, 총 12권

영어 교재

●초등영어 교과서 시리즈
파닉스(1~4단계)   3~6학년, 학년용
명단어(1~4단계)   3~6학년, 학년용
●LOOK BOOK 명단어   3~6학년, 단행본
●원서 읽는 LOOK BOOK 명단어   3~6학년, 단행본

국가수준 시험 대비 교재

●해법 기초학력 진단평가 문제집   2~6학년·중1 신입생, 총 6권

급수 한자 필수 학습!
탄탄하게 다져두자!

한자
전략

급수 한자

1단계 **A**

8급 ①

정답과 부록

천재교육

모르는 문제는
확실하게
알고 가자!

정답과 부록

1단계 A 8급 ①

정답

급수 한자 **돌파 전략 ❶** 한자 기초 확인   11, 13쪽

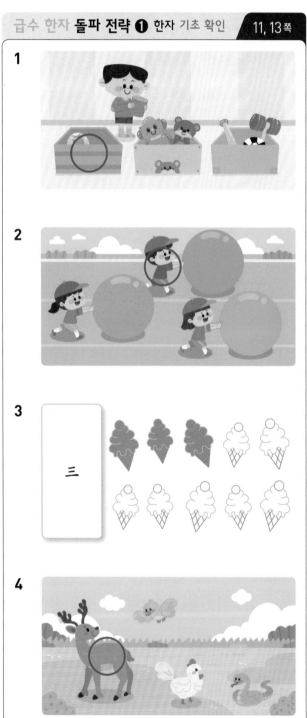

급수 한자 **돌파 전략 ❷**   14~15쪽

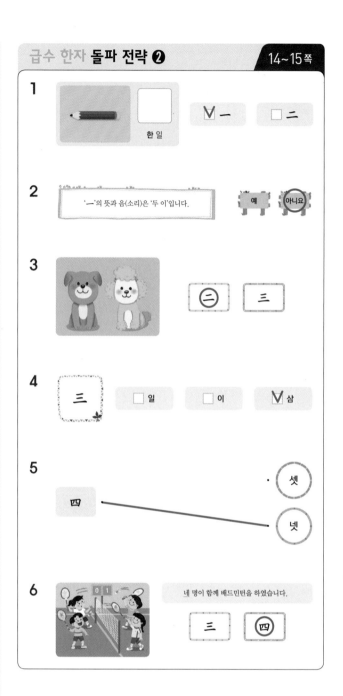

급수 한자 **돌파 전략 ❶** 한자 기초 확인 17, 19 쪽

급수 한자 **돌파 전략 ❷** 20~21 쪽

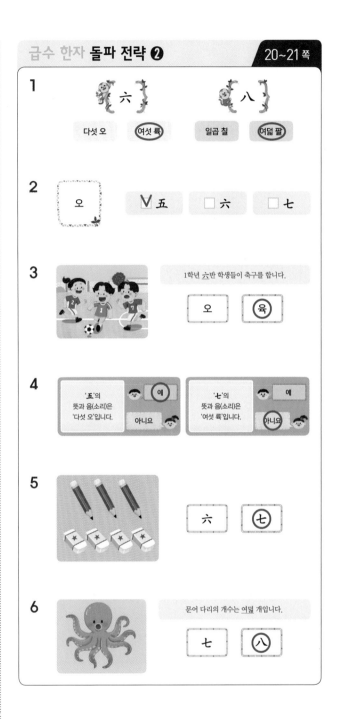

급수 한자어 **대표 전략 ❷** 26~27쪽

1

혹시 있을지도 모르는 뜻밖의 경우.

만일   일인

2

二三   二月

3

셋째 딸. 세 딸. ▶ 삼 녀

4

넷이나 다섯. ✕ 오륙

다섯이나 여섯. ✕ 사오

5

70. 10을 일곱 번 더한 수.

30. 10을 세 번 더한 수.

6

❶사		❷이	❸삼
월			녀
	❹육	❺칠	
		❻팔	십

급수 시험 **체크 전략 ❶** 28~31쪽

필수 예제 01
(1) 육   (2) 삼

필수 예제 02
(1) ①   (2) ④

필수 예제 03
(1) ②   (2) ①

필수 예제 04
(1) 다섯 오   (2) 여덟 팔

급수 시험 체크 전략 ❷　32~33쪽

1 일

2 ②

3 ③

4 ②

5 ④

6 여섯 륙

누구나 만점 전략　34~35쪽

01 삼

02 ①

03 ③

04 일곱 칠

05 ①

06 ②

07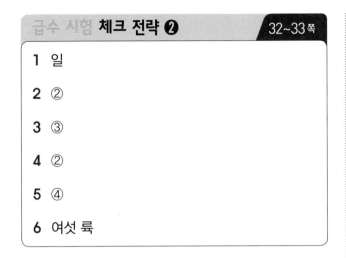

08 ③

창의·융합·코딩 전략 ❶　36~37쪽

1 四

2 二

창의·융합·코딩 전략 ❷　38~41쪽

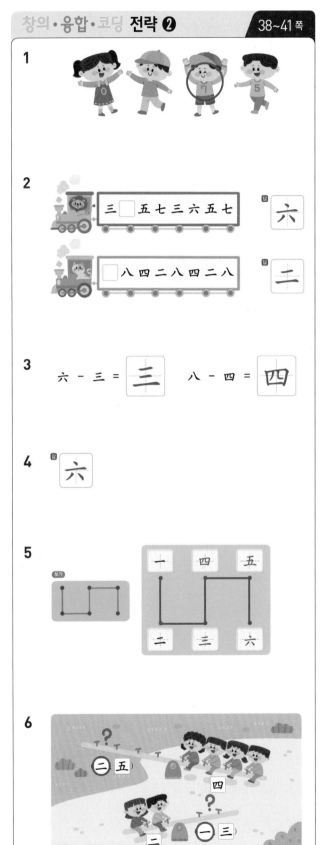

1

2 六 / 二

3 六 - 三 = 三　八 - 四 = 四

4 六

5

6

7

① 三 ② 四

8

급수 한자 **돌파 전략 ❶** 한자 기초 확인 45, 47쪽

1

2

3

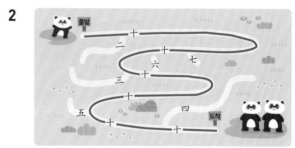

4

급수 한자 돌파 전략 ❷ `48~49쪽`

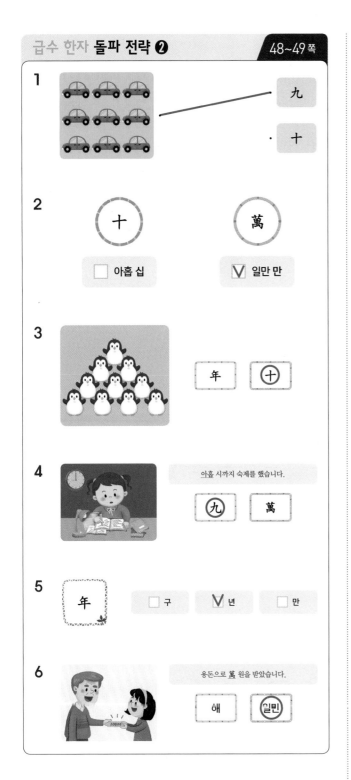

1 九

2 □ 아홉 십   ☑ 일만 만

3 ⊕ 十

4 아홉 시까지 숙제를 했습니다. ⑨ 九

5 年 □ 구 ☑ 년 □ 만

6 용돈으로 萬 원을 받았습니다. 일만

급수 한자 돌파 전략 ❶ 한자 기초 확인 `51, 53쪽`

1 大

2 小 / 大

3 中

4 長

1
- 小 ── 작을 소
- 長 ── 긴 장

2 中　☐ 큰 대　☑ 가운데 중

3 도로 위로 큰 트럭이 지나갑니다.　小　⊙大

4 길다　☐ 中　☑ 長　☐ 小

5 친구와 小소한 이야기를 나누었습니다.　⊙소　중

6 기린은 목이 깁니다.　長

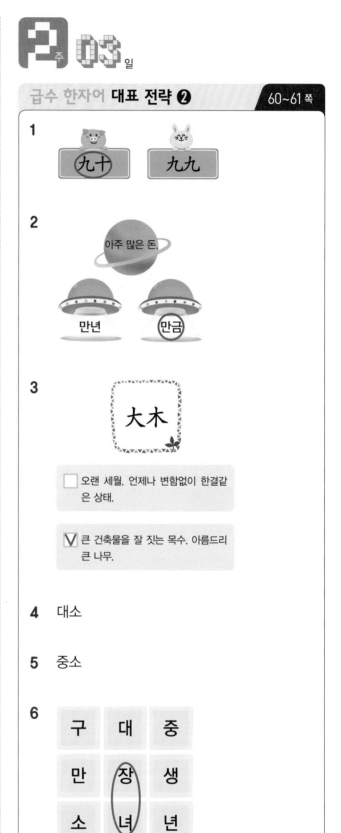

1 九十　九九

2 아주 많은 돈. 만년　⊙만금

3 大木

☐ 오랜 세월. 언제나 변함없이 한결같은 상태.

☑ 큰 건축물을 잘 짓는 목수. 아름드리 큰 나무.

4 대소

5 중소

6
구	대	중
만	⊙장	생
소	⊙녀	년

급수 시험 체크 전략 ❶
62~65쪽

필수 예제 01
(1) 연   (2) 중

필수 예제 02
(1) ③   (2) ②

필수 예제 03
(1) ①   (2) ④

필수 예제 04
(1) ②   (2) ③

급수 시험 체크 전략 ❷
66~67쪽

1 구

2 ③

3 ①

4 ②

5 ④

6 ②

누구나 만점 전략
68~69쪽

01 만

02 ③

03 ①

04 ②

05 ②

06 🗈 月 中

07 ①

08 ③

창의·융합·코딩 전략 ❶
70~71쪽

1 🗈 九 十

2 🗈 十

창의·융합·코딩 전략 ❷
72~75쪽

1
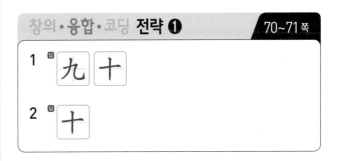

2
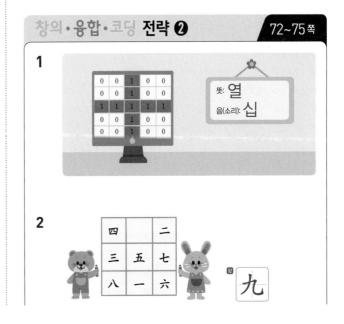

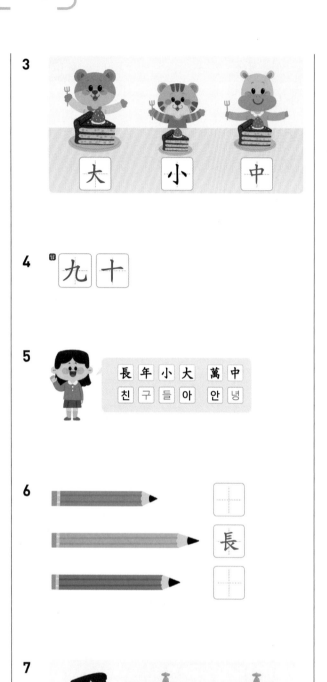

정답

3 大　小　中

4 九 十

5 長 年 小 大 萬 中 / 친 구 들 아 안 녕

6 長

7 大

8 中 小 — / 年 年 —

신유형·신경향·서술형 전략　78~81쪽

1 ❶ 四　❷ 六

2 ❶ 四 → 五　❷ 七

3 ❶ • 十年 ➜ (십년)
　• 十九 ➜ (십구)

❷

4 ❶

문제	참	거짓
'年'은 '크다'를 뜻한다.	2	③
'작다'를 뜻하는 한자는 '中'이다.	1	⑨
'長' 자의 뜻은 '길다'이고, 음(소리)은 '장'이다.	⑧	4
'中小'는 '규모나 수준 등이 중간이거나 그 이하인 것'을 뜻한다.	⑥	5

九

❷

문제
'年'은 '크다'를 뜻한다.

➜ 大 은/는 '크다'를 뜻한다.

'작다'를 뜻하는 한자는 '中'이다.

➜ '작다'를 뜻하는 한자는 小 (이)다.

적중 예상 전략 1회 82~85쪽

01 이

02 삼

03 ②

04 ①

05 ①

06 ②

07 ④

08 ③

09 석 삼

10 일곱 칠

11 ②

12 ①

13 ①

14 ②

15 ③

16 ④

05 ②

06 ①

07 ④

08 ③

09 아홉 구

10 일만 만

11 ①

12 ②

13 ②

14 ①

15 ③

16 ②

적중 예상 전략 2회 86~89쪽

01 만

02 대

03 ①

04 ②

교과 학습 한자어 전략 93쪽

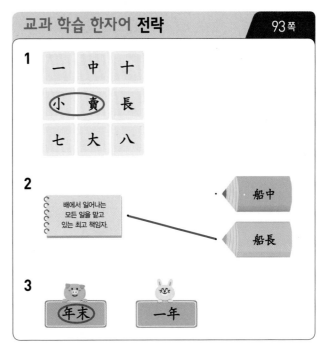

정답

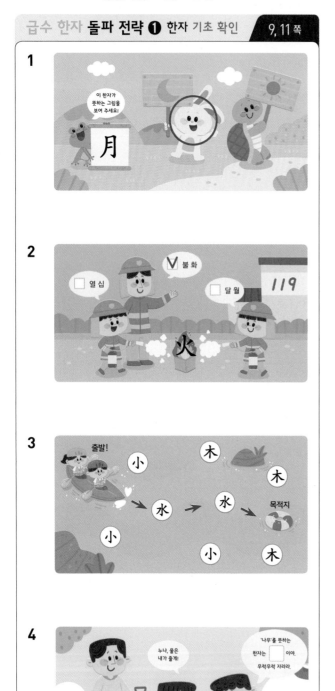

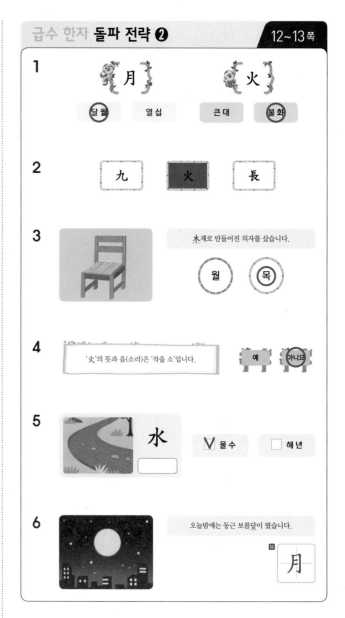

급수 한자 돌파 전략 ❶ 한자 기초 확인 15, 17쪽

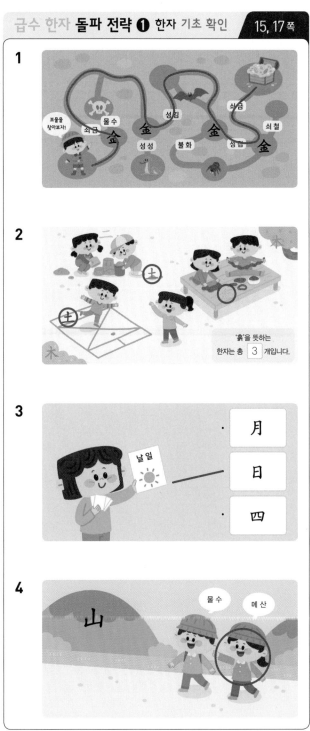

급수 한자 돌파 전략 ❷ 18~19쪽

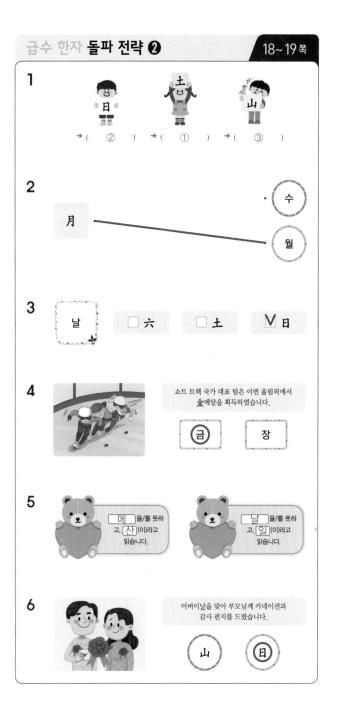

정답

급수 한자어 대표 전략 ❷

24~25쪽

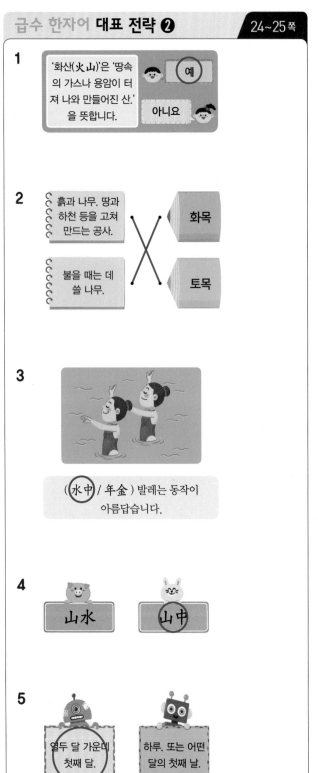

1 '화산(火山)'은 '땅속의 가스나 용암이 터져 나와 만들어진 산.'을 뜻합니다. → **예** (○)

2
- 흙과 나무. 땅과 하천 등을 고쳐 만드는 공사. → 토목
- 불을 때는 데 쓸 나무. → 화목

3 ((水中) / 年金) 발레는 동작이 아름답습니다.

4 山水 / (山中) (○)

5 열두 달 가운데 첫째 달. (○)　하루. 또는 어떤 달의 첫째 날.

6

❶일	월		
일		❷산	❸수
	❹토		중
❺화	목		

14　한자 전략

급수 시험 체크 전략 ❶　　26~29쪽

필수 예제 01
(1) 산　　　(2) 수

필수 예제 02
(1) ②　　　(2) ③

필수 예제 03
(1) ②　　　(2) ①

필수 예제 04
(1) ②　　　(2) ④

급수 시험 체크 전략 ❷　　30~31쪽

1　일

2　④

3　②

4　③

5　②

6　①

누구나 만점 전략　　32~33쪽

01　메산

02　우리 반에는 성이 [　] 씨인 친구들이 많습니다. (金/ 木)

03　②

04 답　日　日

05　③

06　①

07　②

08　③

창의·융합·코딩 전략 ❶　　34~35쪽

1　화산

2　일월

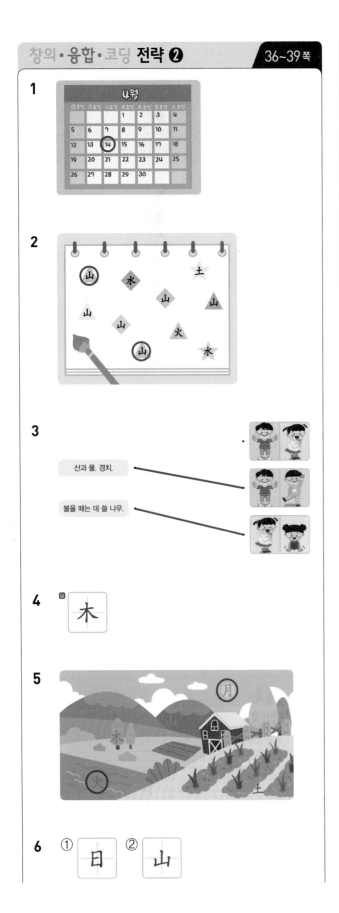

창의·융합·코딩 전략 ❷ 　36~39쪽

1

4월						
日요일	月요일	火요일	水요일	木요일	金요일	土요일
			1	2	3	4
5	6	7	8	9	10	11
12	13	⑭	15	16	17	18
19	20	21	22	23	24	25
26	27	28	29	30		

2

3

산과 물. 경치.

불을 때는 데 쓸 나무.

4 木

5

6 ① 日　② 山

7 ① 水　② 金

8 토 – 목 – 수 – 일

급수 한자 돌파 전략 ① 한자 기초 확인　43, 45쪽

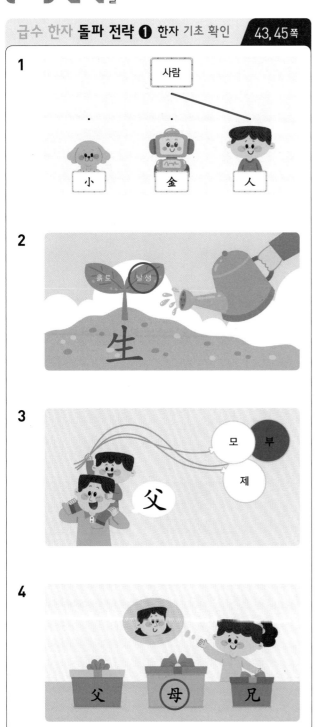

급수 한자 돌파 전략 ②　46~47쪽

급수 한자 돌파 전략 ❶ 한자 기초 확인 49, 51쪽

1

우리 삼형제는 늑대가 올 것을 대비해 집을 짓고 있어요. 나는 집을 지으려면 아직 멀었는데. 형들은 벌써 집을 다 지었나 봐요.

'형'을 뜻하는 한자는 兄이에요.

2

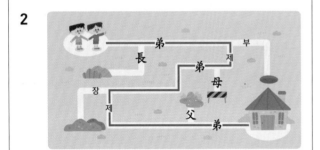

3

4

급수 한자 돌파 전략 ❷ 52~53쪽

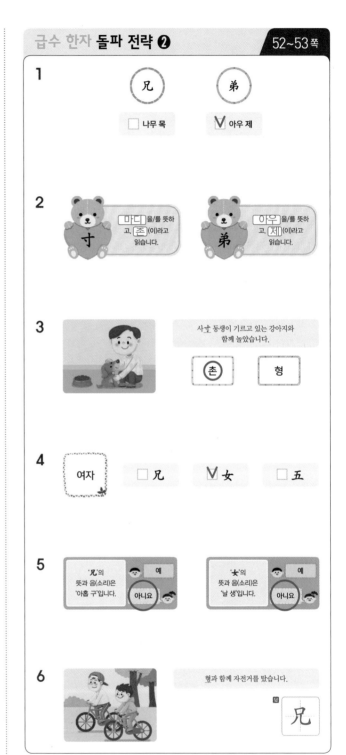

1

兄 / 弟
□ 나무 목 / ☑ 아우 제

2

마디 을/를 뜻하고, 촌 (이)라고 읽습니다. 寸

아우 을/를 뜻하고, 제 (이)라고 읽습니다. 弟

3

사촌 동생이 기르고 있는 강아지와 함께 놀았습니다.

촌 / 형

4

여자 □ 兄 ☑ 女 □ 五

5

'兄'의 뜻과 음(소리)은 '아홉 구'입니다. 예 / 아니요

'女'의 뜻과 음(소리)은 '날 생'입니다. 예 / 아니요

6

형과 함께 자전거를 탔습니다.

兄

2주 03일

급수 한자어 대표 전략 ❷

58~59쪽

1

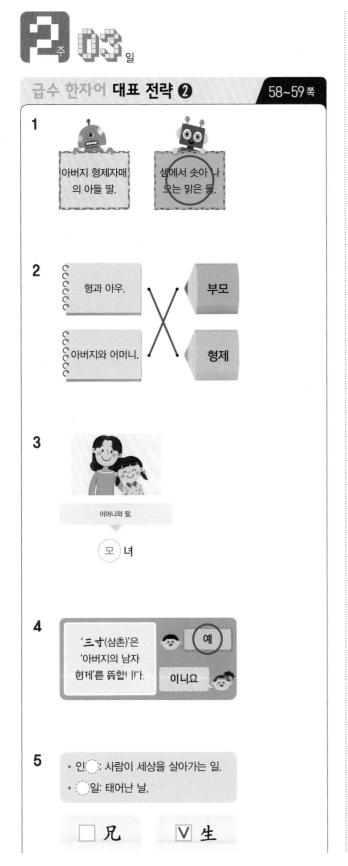

아버지 형제자매의 아들 딸.

샘에서 솟아 나오는 맑은 물.

2

형과 아우. — 형제

아버지와 어머니. — 부모

3

어머니와 딸.

(모) 녀

4

'三寸(삼촌)'은 '아버지의 남자 형제'를 뜻합니다.

예 ⭕

이니요

5

• 인(생): 사람이 세상을 살아가는 일.

• (생)일: 태어난 날.

☐ 兄   ☑ 生

6

❶부	❷모		
	녀		❸여
❺대		❹만	인
❻인	생		

급수 시험 체크 전략 ❶ 60~63쪽

필수 예제 01
(1) 촌　　　　(2) 생

필수 예제 02
(1) ③　　　　(2) ①

필수 예제 03
(1) 사람 인　　　　(2) 날 생

필수 예제 04
(1) ④　　　　(2) ①

누구나 만점 전략 66~67쪽

01
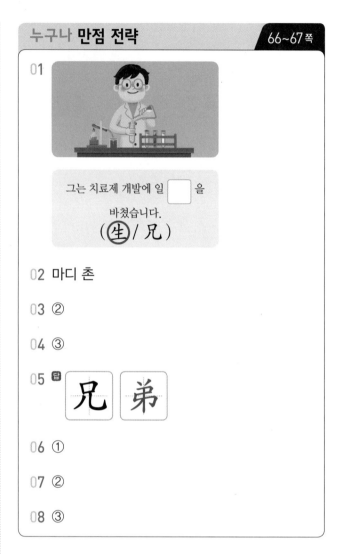

그는 치료제 개발에 일 ☐ 을
바쳤습니다.
(生 / 兄)

02 마디 촌

03 ②

04 ③

05 답 兄 弟

06 ①

07 ②

08 ③

급수 시험 체크 전략 ❷ 64~65쪽

1 형

2 ①

3 ②

4 아버지 부

5 ②

6 ③

창의·융합·코딩 전략 ❶ 68~69쪽

1 아주 많은 사람. 또는 모든 사람.

2 5,000

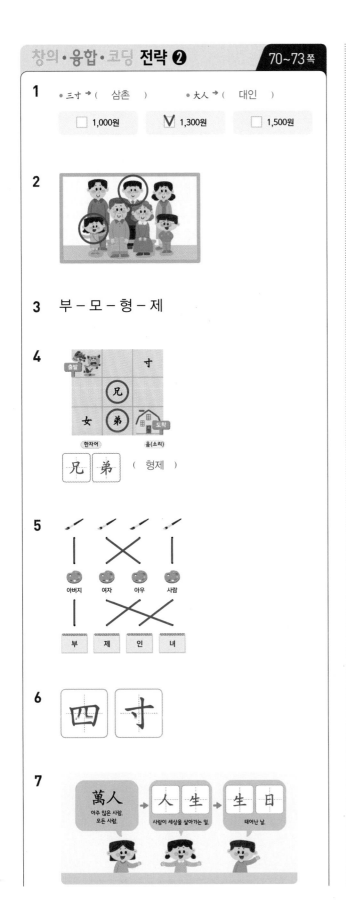

신유형·신경향·서술형 전략 76~79쪽

1 ❶ 화, 수, 토 ❷

木

2 ❶ 수, 토 ❷

火

3 ❶ ㉠: ④, ㉡: ①
   ❷

4 ❶ 삼촌, 생일
   ❷ ③, ①
   ❸

三 촌이
生日 선물로 축구공을
사 주셨는데 어디에
넣더라······

父
母
兄
弟

적중 예상 전략 1회 80~83쪽

01 일
02 산
03 ①
04 ②
05 ①
06 ②
07 ③
08 ④
09 날 일
10 메 산
11 ②
12 ①
13 ①
14 ②
15 ②
16 ③

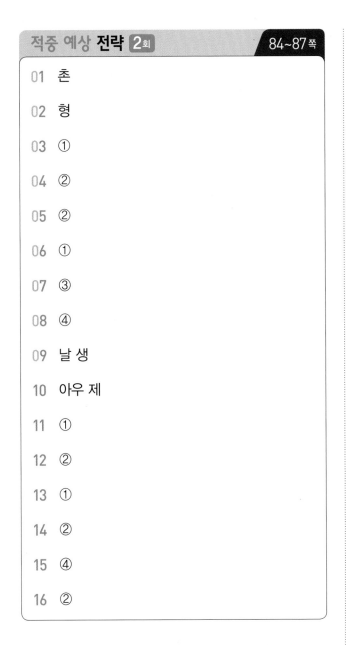

적중 예상 전략 2회   84~87쪽

01 촌

02 형

03 ①

04 ②

05 ②

06 ①

07 ③

08 ④

09 날 생

10 아우 제

11 ①

12 ②

13 ①

14 ②

15 ④

16 ②

교과 학습 한자어 전략   91쪽

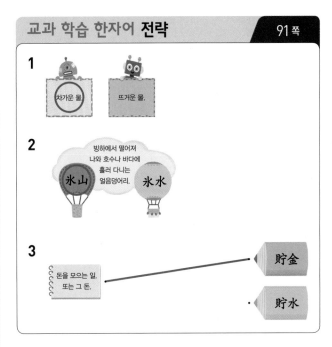

1

차가운 물.   뜨거운 물.

2

빙하에서 떨어져 나와 호수나 바다에 흘러 다니는 얼음덩어리.

氷山   氷水

3

돈을 모으는 일. 또는 그 돈.   貯金

·   貯水

에모

메모

한자를 쓸 때는 지켜야 할 규칙이 있어요. 예로부터 한자를 쓸 때는 붓을 사용해 왔어요. 붓을 한 번 그은 선이나 점을 바로 획이라고 부르지요.

한자를 이루고 있는 획을 쓸 때 지키기로 약속한 순서가 바로 한자의 필순이에요.

위에서 아래로 써요.

丿　川　川

왼쪽에서 오른쪽으로 써요.

一　二　三

가로획과 세로획이 만날 때는 가로획을 먼저 써요.

一　十

좌우의 모양이 같을 때는 가운데를 먼저 써요.

亅　小　小

안쪽과 바깥쪽이 있을 때는 바깥쪽을 먼저 써요.

丨　冂　四　四　四

글자 전체를 꿰뚫는 획은 나중에 써요.

丨　冂　口　中

삐침과 파임이 만날 때는 삐침을 먼저 써요.

丿　人

오른쪽 위의 점은 맨 나중에 써요.

一　二　于　王　式　式

받침은 맨 나중에 써요.

丿　厂　斤　斤　近　近　近　近

부수는 한자를 모양대로 정리했을 때, 공통이 되는 부분을 말해요. 한자의 부수는 한자에서 놓이는 위치에 따라 각기 다른 이름으로 불려요.

변: 글자의 왼쪽 부분. 예 晴

방: 글자의 오른쪽 부분. 예 形

머리: 글자의 윗부분. 예 花

발: 글자의 아랫 부분. 예 熱

받침: 글자의 왼쪽과 아래를 싸는 부분. 예 道

엄: 글자의 왼쪽과 윗 부분. 예 序

몸: 글자의 위와 왼쪽을 싸는 부분. 예 國, 問

제부수 : 글자 자체가 부수인 것. 예 日

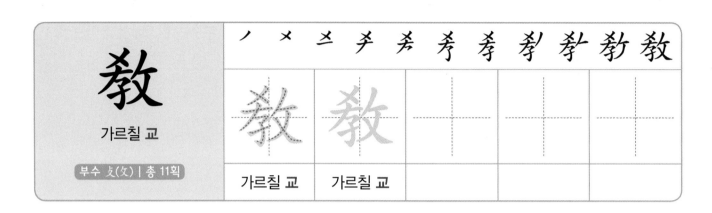

教				
가르칠 교	가르칠 교			

教 가르칠 교
부수 攵(攴) | 총 11획

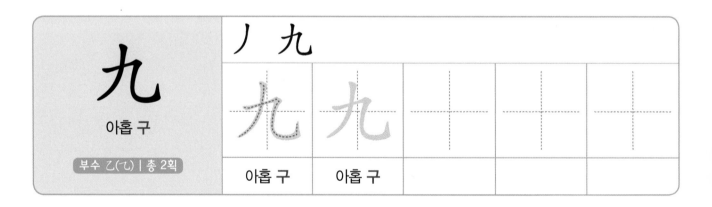

校				
학교 교	학교 교			

校 학교 교
부수 木 | 총 10획

九				
아홉 구	아홉 구			

九 아홉 구
부수 乙(乚) | 총 2획

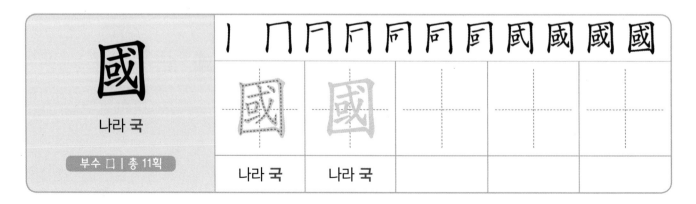

國				
나라 국	나라 국			

國 나라 국
부수 口 | 총 11획

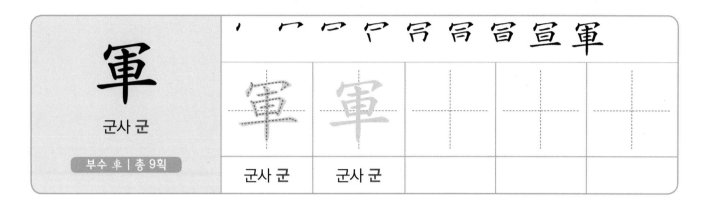

軍	ノ ア ア ア 戸 肙 肙 宣 軍				
군사 군	軍	軍			
부수 車 | 총 9획	군사 군	군사 군			

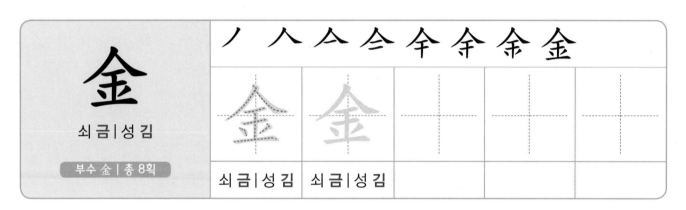

金	ノ 人 人 仐 仐 余 金 金				
쇠금|성김	金	金			
부수 金 | 총 8획	쇠금|성김	쇠금|성김			

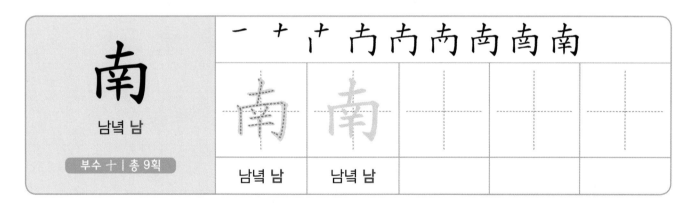

南	一 十 十 广 冇 冇 南 南 南				
남녘 남	南	南			
부수 十 | 총 9획	남녘 남	남녘 남			

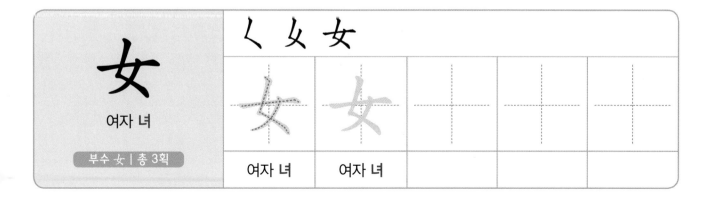

女	く 女 女				
여자 녀	女	女			
부수 女 | 총 3획	여자 녀	여자 녀			

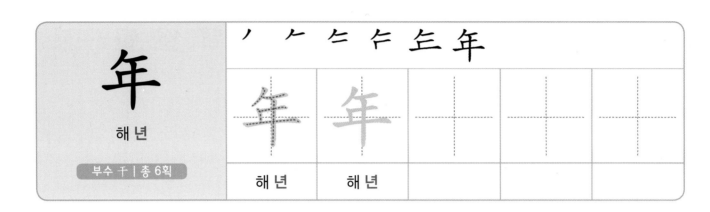

年
해 년
부수 干 | 총 6획

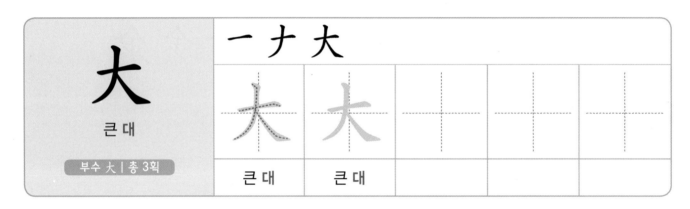

大
큰 대
부수 大 | 총 3획

東
동녘 동
부수 木 | 총 8획

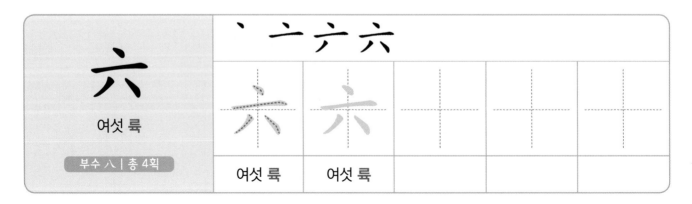

六
여섯 륙
부수 八 | 총 4획

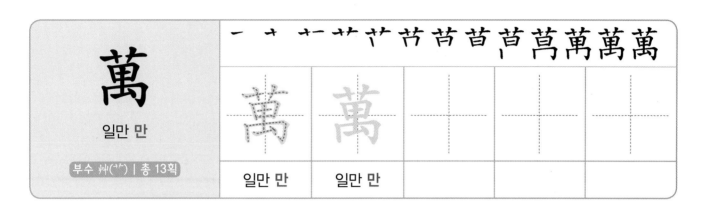

萬
일만 만
부수 艸(艹) | 총 13획

一 十 卄 艹 艿 苕 苩 苗 莒 莒 萬 萬 萬

萬	萬			
일만 만	일만 만			

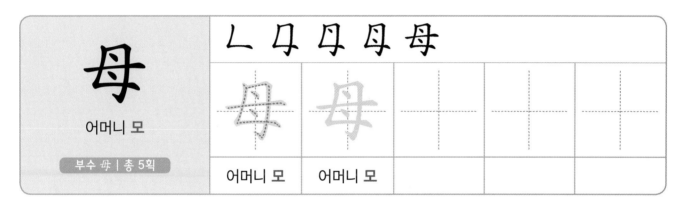

母
어머니 모
부수 母 | 총 5획

乚 𠃌 𠃌 母 母

母	母			
어머니 모	어머니 모			

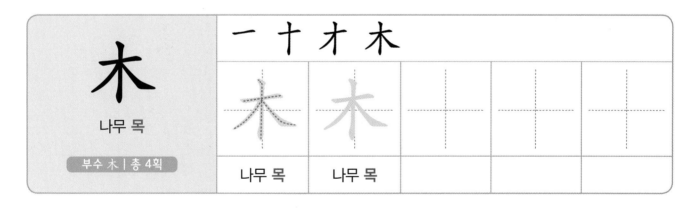

木
나무 목
부수 木 | 총 4획

一 十 才 木

木	木			
나무 목	나무 목			

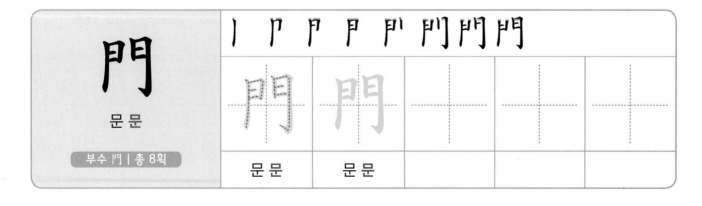

門
문 문
부수 門 | 총 8획

丨 冂 冂 冃 門 門 門 門

門	門			
문 문	문 문			

民	백성 민	부수 氏 | 총 5획				

白성 민 | 백성 민

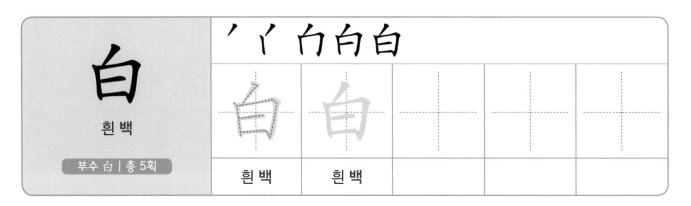

| 白 | 흰 백 | 부수 白 \| 총 5획 |

흰 백 | 흰 백

| 父 | 아버지 부 | 부수 父 \| 총 4획 |

아버지 부 | 아버지 부

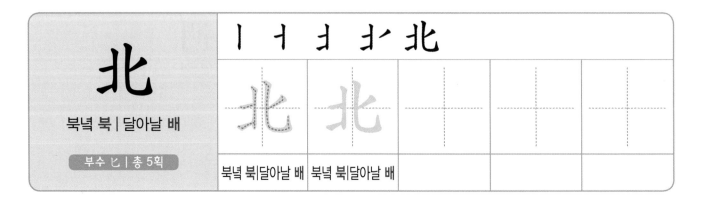

| 北 | 북녘 북 \| 달아날 배 | 부수 ヒ \| 총 5획 |

북녘 북|달아날 배 | 북녘 북|달아날 배

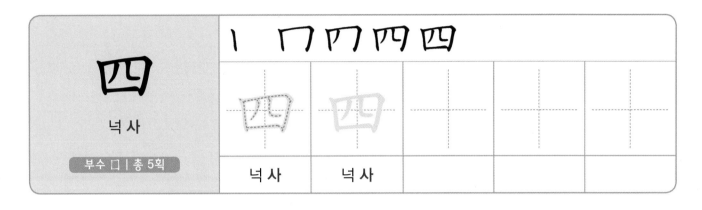

四
넉 사
부수 囗 | 총 5획

丨 冂 冂 四 四				
四	四			
넉 사	넉 사			

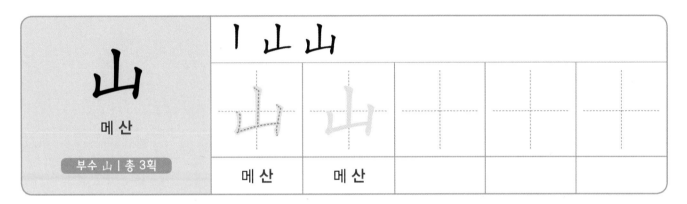

山
메 산
부수 山 | 총 3획

丨 山 山				
山	山			
메 산	메 산			

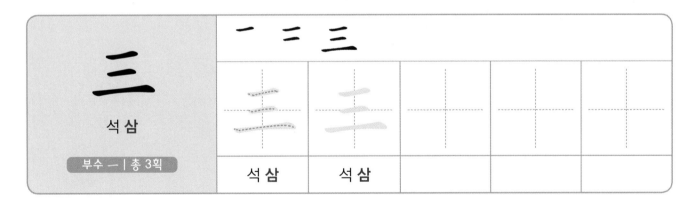

三
석 삼
부수 一 | 총 3획

一 二 三				
三	三			
석 삼	석 삼			

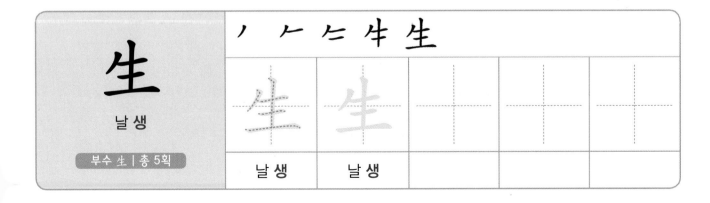

生
날 생
부수 生 | 총 5획

丿 丿 二 牛 生				
生	生			
날 생	날 생			

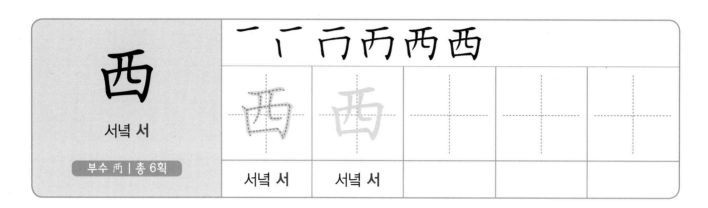

西
서녘 서
부수 襾 | 총 6획
서녘 서　서녘 서

先
먼저 선
부수 儿 | 총 6획
먼저 선　먼저 선

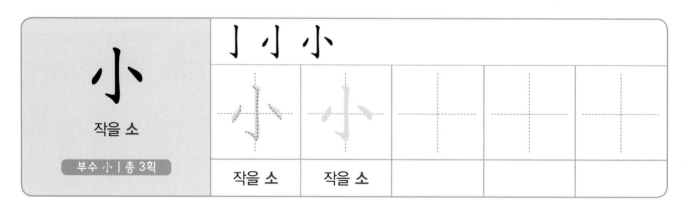

小
작을 소
부수 小 | 총 3획
작을 소　작을 소

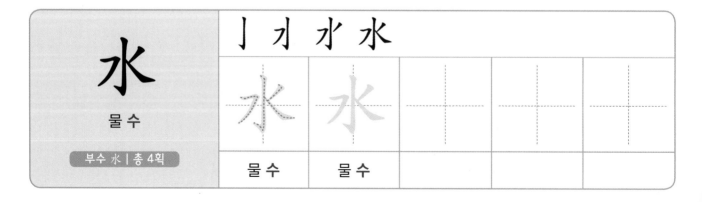

水
물 수
부수 水 | 총 4획
물 수　물 수

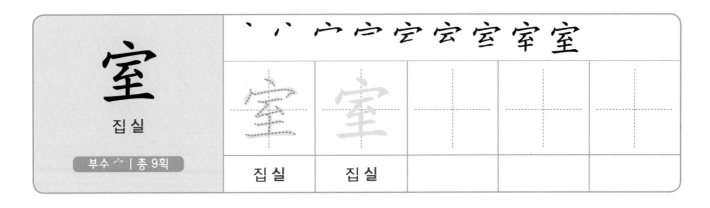

室	` ヽ 宀 宀 宇 宇 宇 室 室				
집 실	室	室			
부수 宀 | 총 9획	집 실	집 실			

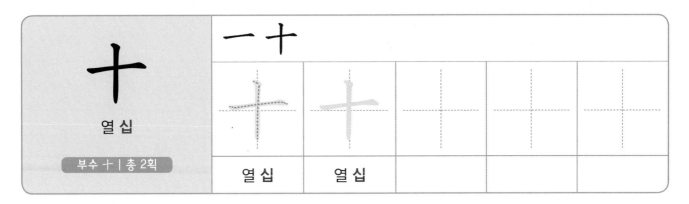

十	一 十				
열 십	十	十			
부수 十 | 총 2획	열 십	열 십			

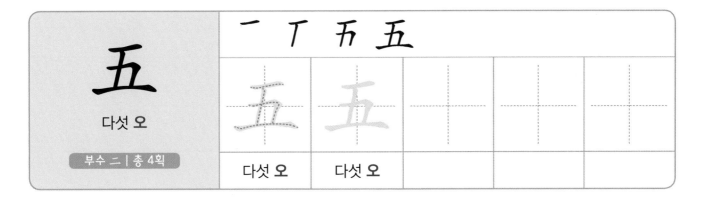

五	一 丆 五 五				
다섯 오	五	五			
부수 二 | 총 4획	다섯 오	다섯 오			

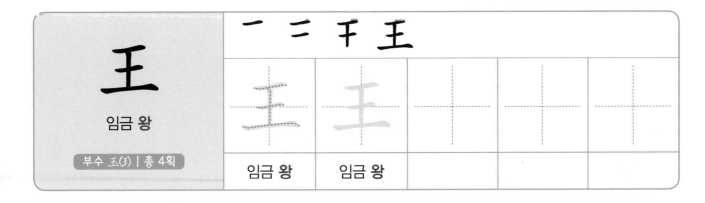

王	一 二 干 王				
임금 왕	王	王			
부수 玉(王) | 총 4획	임금 왕	임금 왕			

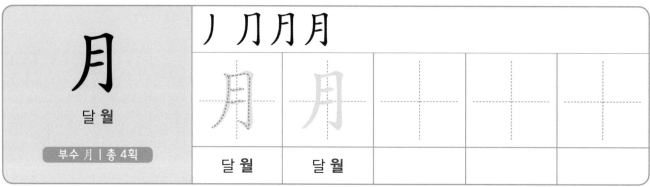

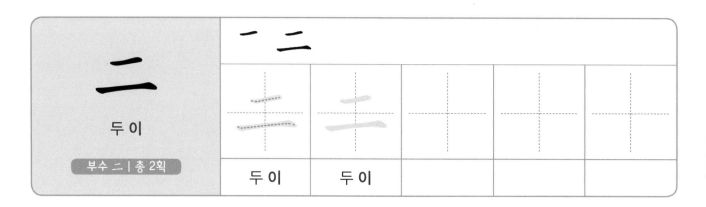

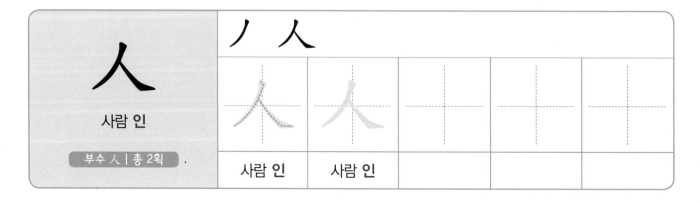

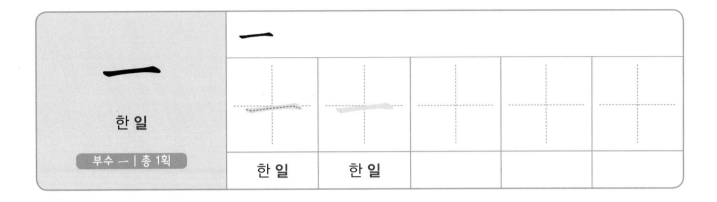

| 一 한 일
부수 一 \| 총 1획 | 一 | | | | |
| | 한 일 | 한 일 | | | |

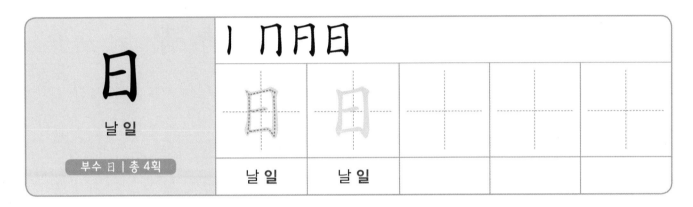

| 日 날 일
부수 日 \| 총 4획 | ㅣ 冂 月 日 | | | | |
| | 날 일 | 날 일 | | | |

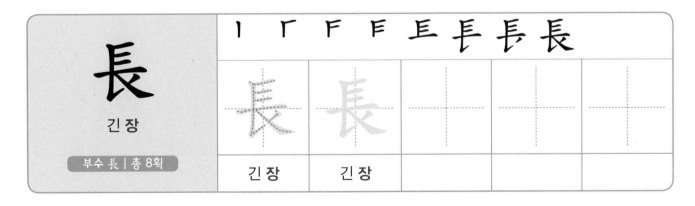

| 長 긴 장
부수 長 \| 총 8획 | ㅣ 丆 丆 丆 镸 镸 長 長 | | | | |
| | 긴 장 | 긴 장 | | | |

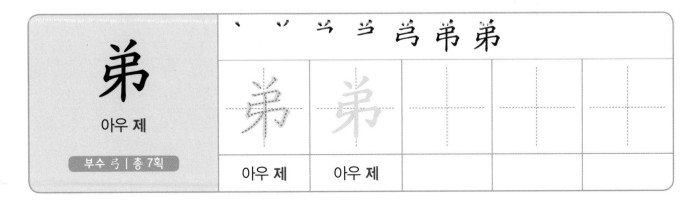

| 弟 아우 제
부수 弓 \| 총 7획 | ` ` 丷 弟 弟 | | | | |
| | 아우 제 | 아우 제 | | | |

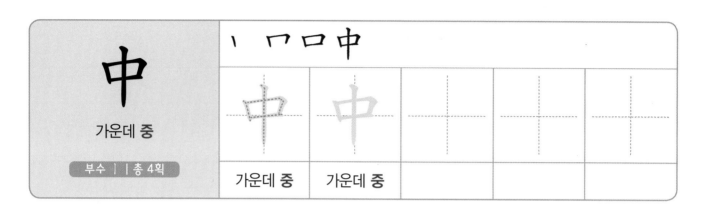

中					
가운데 중	가운데 중				

中
가운데 중
부수 ㅣ | 총 4획

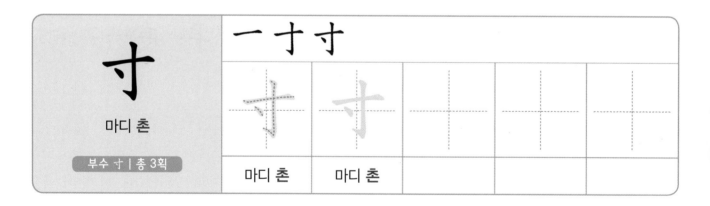

靑					
푸를 청	푸를 청				

靑
푸를 청
부수 靑 | 총 8획

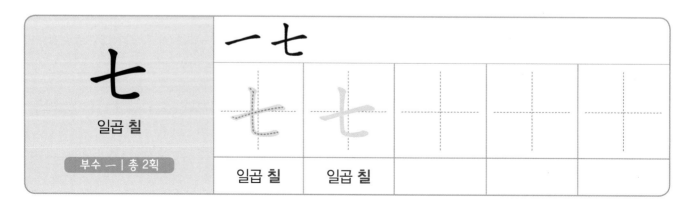

寸					
마디 촌	마디 촌				

寸
마디 촌
부수 寸 | 총 3획

七					
일곱 칠	일곱 칠				

七
일곱 칠
부수 ㅡ | 총 2획

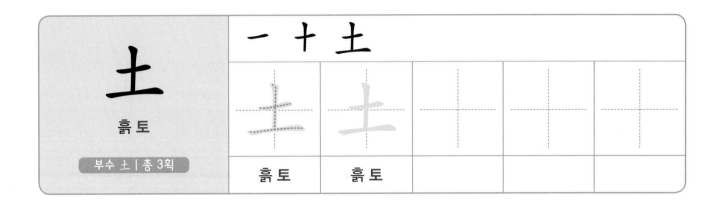

土	一 十 土				
흙 토	土	土			
부수 土 | 총 3획	흙 토	흙 토			

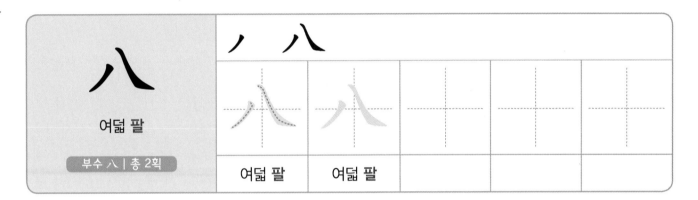

八	丿 八				
여덟 팔	八	八			
부수 八 | 총 2획	여덟 팔	여덟 팔			

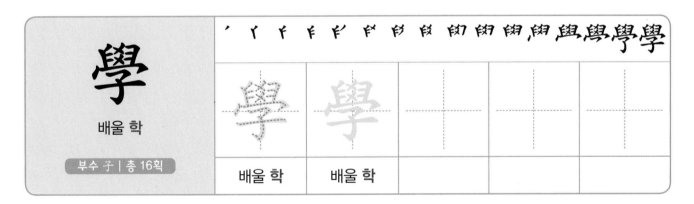

學	ˋ ˊ ˊ ˊ ˊ ˊ ˊ ˊ 的 的 的 的 與 與 學 學				
배울 학	學	學			
부수 子 | 총 16획	배울 학	배울 학			

韓	一 十 十 古 古 古 直 卓 卓 卓 卓 卓 卓 朝 韓 韓 韓				
한국/나라 한	韓	韓			
부수 韋 | 총 17획	한국/나라 한	한국/나라 한			

兄 형 형 부수 儿 | 총 5획	ㅣ ㅁ ㅁ ㄹ 兄				
	兄	兄			
	형 형	형 형			

火 불 화 부수 火 | 총 4획	ㅣ ㅣ ㅣ ㅣ 火				
	火	火			
	불 화	불 화			

한자능력검정시험 8급 모의평가 문제지

8級	50문항	50분 시험	시험일자 : 20○○. ○○. ○○

* 성명과 수험번호를 쓰고 문제지와 답안지는 함께 제출하세요.

성명 _____ 수험번호 □□□-□□-□□□□

[문제 1~10] 다음 글의 (　) 안에 있는 漢字(한자)의 讀音(독음: 읽는 소리)을 쓰세요.

─〈보기〉─
(漢) ➡ 한

[1] (三)년 전

[2] (中)

[3] 학(校)

[4] (二)

[5] (學)년 때

[6] (先)생님과 친구들과 함께

[7] 조선 (王)조

[8] (五)백

[9] (年) 역사와 함께 시간을 보낸

[10] 여러 궁들과 (韓)옥에 갔었습니다.

[문제 11~20] 다음 訓(훈: 뜻)이나 音(음: 소리)에 알맞은 漢字(한자)를 〈보기〉에서 찾아 그 번호를 쓰세요.

─〈보기〉─
① 白　② 弟　③ 門　④ 民
⑤ 外　⑥ 水　⑦ 六　⑧ 寸
⑨ 七　⑩ 東

[11] 물

 〈계속〉

[12] 바깥

[13] 문

[14] 칠

[15] 동

[16] 촌

[17] 아우

[18] 백성

[19] 백

[20] 여섯

[문제 21~30] 다음 밑줄 친 말에 해당하는 漢字^{한자}를 〈보기〉에서 찾아 그 번호를 쓰세요.

```
──────── 〈보기〉 ────────
① 五    ② 火    ③ 小    ④ 靑
⑤ 父    ⑥ 敎    ⑦ 一    ⑧ 八
⑨ 木    ⑩ 中
```

[21] 문어는 다리가 여덟 개입니다.

[22] 선생님께서는 수학을 가르칩니다.

[23] 방이 어두워 전등 불을 켰습니다.

[24] 나무가 곧게 자랐습니다.

[25] 저는 아버지와 많이 닮았습니다.

〈계속〉

자르는선

[26] 우리 가족은 모두 <u>다섯</u> 명입니다.

[27] 운동장 <u>가운데</u>에 축구공이 있습니다.

[28] 사탕 <u>한</u> 개를 동생에게 나누어 주었습니다.

[29] 하늘이 <u>청</u>색을 띠고 있습니다.

[30] 밤하늘에 <u>작은</u> 별이 반짝입니다.

[문제 31~40] 다음 漢字한자의 訓(훈: 뜻)과 音(음: 소리)을 쓰세요.

┌─────── 〈보기〉 ───────┐
│   漢 ➡ 한나라 한   │
└────────────────────────┘

[31] 室

[32] 南

[33] 軍

[34] 生

[35] 兄

[36] 年

[37] 國

[38] 大

[39] 長

[40] 女

[문제 41~44] 다음 漢字한자의 訓(훈: 뜻)을 〈보기〉에서 찾아 그 번호를 쓰세요.

┌─────── 〈보기〉 ───────┐
│ ① 서녘   ② 사람   │
│ ③ 어머니   ④ 아홉   │
└────────────────────────┘

[41] 母

〈계속〉

[42] 人

[43] 九

[44] 西

[문제 45~48] 다음 漢字한자의 音(음: 소리)을 〈보기〉에서 찾아 그 번호를 쓰세요.

〈보기〉
① 사   ② 만   ③ 산   ④ 월

[45] 山

[46] 月

[47] 萬

[48] 四

[문제 49~50] 다음 漢字한자의 진하게 표시한 획은 몇 번째 쓰는지 〈보기〉에서 찾아 그 번호를 쓰세요.

〈보기〉
① 두 번째   ② 세 번째
③ 네 번째   ④ 다섯 번째

[49]

(   )

[50]

(   )

♣ 수고하였습니다.

〈끝〉

수험번호 ☐☐☐-☐☐-☐☐☐☐ 성명 ☐☐☐☐☐

생년월일 ☐☐☐☐☐☐

※ 유성 사인펜, 붉은색 필기구 사용 불가.

※ 답안지는 컴퓨터로 처리되므로 구기거나 더럽히지 마시고, 정답 칸 안에만 쓰십시오. 글씨가 채점란으로 들어오면 오답 처리가 됩니다.

한자능력검정시험 8급 모의평가 답안지(1)

번호	정답	1검	2검	번호	정답	1검	2검
1				13			
2				14			
3				15			
4				16			
5				17			
6				18			
7				19			
8				20			
9				21			
10				22			
11				23			
12				24			

감독위원	채점위원(1)		채점위원(2)		채점위원(3)	
(서명)	(득점)	(서명)	(득점)	(서명)	(득점)	(서명)

※ 뒷면으로 이어짐

자르는선

한자능력검정시험 8급 모의평가 답안지(2)

번호	정답	1검	2검	번호	정답	1검	2검
25				38			
26				39			
27				40			
28				41			
29				42			
30				43			
31				44			
32				45			
33				46			
34				47			
35				48			
36				49			
37				50			

자르는선

[한자능력검정시험 8급 모의평가 정답]

수험번호 □□□-□□-□□□□   성명 □□□□□

생년월일 □□□□□□

※ 유성 사인펜, 붉은색 필기구 사용 불가.

※ 답안지는 컴퓨터로 처리되므로 구기거나 더럽히지 마시고, 정답 칸 안에만 쓰십시오. 글씨가 채점란으로 들어오면 오답 처리가 됩니다.

한자능력검정시험 8급 모의평가 답안지(1)

번호	정답	1검	2검	번호	정답	1검	2검
1	삼			13	③ 門		
2	중			14	⑨ 七		
3	교			15	⑩ 東		
4	이			16	⑧ 寸		
5	학			17	② 弟		
6	선			18	④ 民		
7	왕			19	① 白		
8	오			20	⑦ 六		
9	년			21	⑧ 八		
10	한			22	⑥ 敎		
11	⑥ 水			23	② 火		
12	⑤ 外			24	⑨ 木		

감독위원	채점위원(1)		채점위원(2)		채점위원(3)	
(서명)	(득점)	(서명)	(득점)	(서명)	(득점)	(서명)

※ 뒷면으로 이어짐

자르는선

한자능력검정시험 8급 모의평가 답안지(2)

번호	정답	1검	2검	번호	정답	1검	2검
25	⑤ 父			38	큰 대		
26	① 五			39	긴 장		
27	⑩ 中			40	여자 녀		
28	⑦ 一			41	③		
29	④ 靑			42	②		
30	③ 小			43	④		
31	집 실			44	①		
32	남녘 남			45	③		
33	군사 군			46	④		
34	날 생			47	②		
35	형 형			48	①		
36	해 년			49	②		
37	나라 국			50	③		

문제 읽을 준비는
저절로 되지 않습니다.

문해력을 키우는 시간

하루
10분

똑똑한 하루 국어 시리즈

문제풀이의 핵심, 문해력을 키우는 승부수

예비초~초6 각A·B
교재별14권

예비초A·B, 초1~초6: 1A~4C
총 14권

정답은
이안에
있어!

수학 전문 교재

● 연산 학습

빅터연산	예비초~6학년, 총 20권
창의융합 빅터연산	예비초~4학년, 총 16권

● 개념 학습

개념클릭 해법수학	1~6학년, 학기용

● 수준별 수학 전문서

해결의법칙(개념/유형/응용)	1~6학년, 학기용

● 단원평가 대비

수학 단원평가	1~6학년, 학기용

● 단기완성 학습

초등 수학전략	1~6학년, 학기용

● 상위권 학습

최고수준 S 수학	1~6학년, 학기용
최고수준 수학	1~6학년, 학기용
최강 TOT 수학	1~6학년, 학년용

● 경시대회 대비

해법 수학경시대회 기출문제	1~6학년, 학기용

예비 중등 교재

● **해법 반편성 배치고사 예상문제**	6학년
● **해법 신입생 시리즈(수학/영어)**	6학년

맞춤형 학교 시험대비 교재

● **열공 전과목 단원평가**	1~6학년, 학기용(1학기 2~6년)

한자 교재

● **한자능력검정시험 자격증 한번에 따기**	8~3급, 총 9권
● **씽씽 한자 자격시험**	8~5급, 총 4권
● **한자 전략**	8~5급II, 총 12권

똑똑한 하루 한자

예비초 A, B

1단계 A, B, C

2단계 A, B, C

3단계 A, B, C

4단계 A, B, C

(사)한자교육진흥회 주관 한자실력급수 자격시험 대비

씽씽 한자 자격시험

· 권장 학년: [8급] 초등 1학년 [7급] 초등 2,3학년
　　　　　　[6급] 초등 4,5학년 [5급] 초등 6학년

(사)한국어문회 주관 한자능력검정시험 대비

자격증 한번에 따기

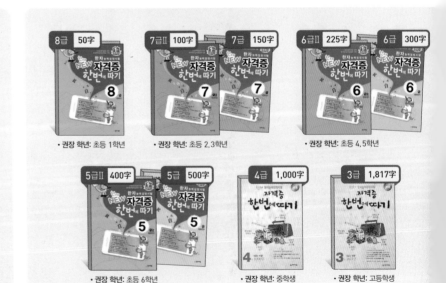

· 권장 학년: 초등 1학년　　· 권장 학년: 초등 2,3학년　　· 권장 학년: 초등 4,5학년

· 권장 학년: 초등 6학년　　· 권장 학년: 중학생　　· 권장 학년: 고등학생